全媒体运营
从入门到精通

叶龙◎编著

U0298913

清华大学出版社

北京

内 容 简 介

目前图文与视频平台呈现出多样化的发展态势，对这些平台进行矩阵运营、策划、引流和盈利是全媒体运营的关键。那么如何才能做好全媒体运营呢？

本书详尽地介绍了三个核心方面：首先，定位策划线详细介绍了全媒体运营中账号定位与品牌策划的要点，包括全媒体运营基本概念、全媒体矩阵具体内容、用户定位、内容定位、形象包装和IP打造等关键内容。其次，吸粉引流线详细介绍了全媒体运营中吸引粉丝和引导流量的策略，如搭建全媒体矩阵、借助平台、打造团队、快速引流、内容营销等实用技巧。最后，矩阵打造线详细介绍了7大矩阵类型及其运营技巧，涵盖了新闻矩阵、社交矩阵、图文矩阵、问答矩阵、音频矩阵、视频矩阵和直播矩阵等内容。

本书结构清晰、语言简洁，内容具有很强的实用性和可操作性，非常适合想要从事新媒体、全媒体运营领域的创业者和从业者阅读，还可以作为各类培训机构和高等院校学生的教材和辅导资料。

图书在版编目(CIP)数据

全媒体运营从入门到精通/叶龙编著. —北京：清华大学出版社，2024.6

ISBN 978-7-302-66350-8

Ⅰ.①全…　Ⅱ.①叶…　Ⅲ.①传播媒介—运营管理　Ⅳ.①G206.2

中国国家版本馆CIP数据核字(2024)第107732号

责任编辑：张　瑜
封面设计：杨玉兰
责任校对：徐彩虹
责任印制：宋　林
出版发行：清华大学出版社
　　　　　网　　　址：https://www.tup.com.cn, https://www.wqxuetang.com
　　　　　地　　　址：北京清华大学学研大厦A座　　　邮　　编：100084
　　　　　社 总 机：010-83470000　　　　　　　　邮　　购：010-62786544
　　　　　投稿与读者服务：010-62776969, c-service@tup.tsinghua.edu.cn
　　　　　质量反馈：010-62772015, zhiliang@tup.tsinghua.edu.cn
印 装 者：三河市人民印务有限公司
经　　销：全国新华书店
开　　本：170mm×240mm　　印　　张：13.75　　字　　数：264千字
版　　次：2024年6月第1版　　　　　　　印　　次：2024年6月第1次印刷
定　　价：69.80元

产品编号：104077-01

前言

在做全媒体运营的时候，你是否遇到过这些困惑：

- 入行比较晚，现在从零开始，我还有机会吗？
- 用户喜欢什么样的内容，自己应该发布什么内容？
- 明确了定位之后，如何去策划品牌、打造具有个人特色的 IP？
- 建了新号却不知道如何运营，发布内容又被屏蔽甚至被封号，到底哪里出了问题？
- 如何合理搭建全媒体矩阵，实现全媒体运营？

请不要着急，其实有很多全媒体运营新手都遇到过与你相似的困境。通往成功的道路总是曲折的，我们要继承并发扬党的二十大精神中的钉钉子精神、奋斗精神和战斗精神，勇于面对并克服过程中的各种困难和挑战。

当前平台中有很多在家带娃的宝妈、朝九晚五的职场人、做电商或实体店的卖货老板等，他们起初也是不懂定位、不擅运营、不懂规则、不会盈利和不会直播的零基础小白。而现在，他们从曾经的运营小白蜕变成了运营大师，在各个主流平台都能看到他们的身影。

全媒体运营的目标是在各个平台搭建账号运营矩阵，进而打造个人或品牌的IP，并实现盈利。本书将为大家分享定位策划、吸粉引流和矩阵打造的方法，帮助全媒体运营者快速学会账号打造、引流吸粉，实现全媒体运营，成为真正的 IP 创作者。

笔者将自己多年的全媒体运营经验进行了总结，为那些想要从事全媒体运营的朋友提供一些参考意见。

本书主要有以下 3 个亮点。

（1）3 大核心板块，全方位精准化剖析。本书围绕全媒体运营的"定位策划＋吸粉引流＋矩阵打造"3 大核心内容板块，精准聚焦全媒体运营者在创作和运营过程中遇到的关键问题，旨在帮助全媒体运营者快速掌握各平台的运营技巧。

（2）12 大课程体系，全方位细致化学习。本书涵盖了全媒体运营的概念、账号定位、品牌策划、吸粉运营、快速引流、新闻矩阵、社交矩阵、图文矩阵、问答矩阵、音频矩阵、视频矩阵和直播矩阵等内容，帮助全媒体运营者从零开始，全面理解全媒体运营的思维、策略、方法与技巧。

（3）159 个实操干货，全方位一体化讲解。书中内容逻辑严谨、环环相扣，在介绍复杂知识点时，均配有具体、细致的操作步骤与图片，便于读者深入理解和全面掌握全媒体运营的各个方面，从而能够将理论知识转化为实际操作。

特别提示：在编写本书时，是基于当前各平台相关软件及其后台界面进行编写的，但本书从编写到出版需要一定的时间，在这段时间里，软件界面与功能可能会发生变化，这些变化是软件开发商所进行的更新，请读者在阅读时，能够根据书中的思路灵活运用、举一反三。

本书由叶龙编著，参与编写的人员还有刘芳芳等人，在此向他们表示衷心的感谢。由于作者知识水平有限，书中难免有疏漏之处，恳请广大读者批评、指正。

编　者

目录

定 位 策 划

吸 粉 引 流

矩 阵 打 造

定位策划

第1章

基础知识，了解全媒体运营

在深入学习全媒体运营之前，我们应该了解全媒体的基本内容，如全媒体是什么、全媒体运营的相关内容，以及全媒体矩阵的相关知识。

本章为大家讲解全媒体的基础知识，帮助大家更好地掌握全媒体运营。

- 基本概念：了解全媒体运营
- 具体内容：认识全媒体矩阵

1.1 基本概念：了解全媒体运营

提到全媒体，可能很多人都不熟悉。我们平常说的大多数是"新媒体""自媒体""多媒体"等内容，"全媒体"这一词语似乎并不那么常见。

然而，随着科技的不断发展、媒体形式的不断变化，"全媒体"这一概念已经成为不可避免需要讨论的话题，而全媒体运营更是成为大多数人想深入了解的领域之一。本节将为大家介绍全媒体运营的基本内容。

1.1.1 概念解读

全媒体的概念其实并没有被学术界正式提出，它最开始出现的原因是当前的"新媒体""自媒体""多媒体"等词语已经无法适应媒体形式的变革与发展，急需一个新的概念来概括当前媒体，由此，全媒体概念应运而生。

通俗点说，全媒体运营主要是指利用文字、图片和视频等表现手段，在各类互联网平台（如抖音、微博等）上进行宣传推广，以此来推广产品，提高产品的曝光率，并进一步提高产品的知名度。

1.1.2 4个维度

全媒体运营主要体现在时间、空间、主体和效能4个维度，通过对这4个维度的深入理解和有效利用，运营者能够更好地进行全媒体运营。下面为大家介绍全媒体这4个维度的内容。

1. 时间维度

全媒体注重信息的即时性，利用网络技术，能够在第一时间发布和传播信息内容，并及时更新信息，确保信息的时效性。

2. 空间维度

全媒体不受空间差异的限制，能够全程记录信息的发布和传播过程，可以跨越不同地域，实现网络范围内的信息传播和覆盖。

3. 主体维度

除了能突破时空上的限制之外，全媒体的主体更加多元化，普通用户可以在不同平台上发布、传播不同的信息，不再受到传统媒体发布主体的限制，从而使信息收集更加真实、全面。

4. 效能维度

全媒体运用大数据技术，可以对不同受众从不同的角度和方位进行有针对性的传播，提高传播效果，实现精准营销。

全媒体是目前媒体形式不断发展的产物，从其 4 个维度来看，我们可以发现，随着网络技术的不断发展，媒体也在不断变化，全媒体的出现与发展为全世界的信息传播提供了更多的可能性，更有利于人文交流。

1.1.3　3 个特点

全媒体的特点主要体现在"全"字上，它主要包括 3 个方面，具体内容如图 1-1 所示。

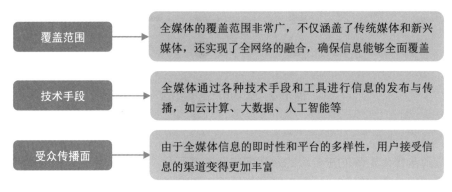

图 1-1　全媒体的特点

1.2　具体内容：认识全媒体矩阵

全媒体是一种包含多种平台和传播渠道的传播方式，而矩阵则是一种媒体运营策略，其主要目的在于各种媒体资源的统一管理与运营。全媒体运营需要整合各种媒体平台和传播渠道，而矩阵则是管理这些媒体资源最有效的方法之一。

截至 2023 年，最早出现的一批新媒体平台已有 14 年之久，随着互联网的发展，各种各样的新媒体平台已经成为大部分企业的品牌推广渠道，如何构建全媒体布局，如何搭建全媒体矩阵，成为当前企业最关心的话题。本节主要为大家介绍全媒体矩阵的相关内容。

1.2.1　概念解读

进入全媒体时期，要塑造主流舆论新局面，"全媒体"应形成"全矩阵"。建设全媒体传播体系，不是越"全"越好、越"大"越好，还应当让技术与内容契合，方能相得益彰。

全媒体矩阵包含线上的新媒体平台，例如百度系、头条系、腾讯系等，也包括线下的媒体资源这些都是互联网领域的头部产品。

图 1-2 所示为全媒体广告项目矩阵。这些媒体给中小企业提供了全面的营销

策略，能够降低企业品牌的广告运营成本并提升效果转化，能够根据企业的不同情况推荐不同的媒体产品是全媒体矩阵的优势。

图1-2　全媒体广告项目矩阵

1.2.2　两种类型

构建全媒体矩阵的主要目的是实现内容的多元化、分散风险和放大宣传效果。而要想搭建全媒体矩阵，运营者需要先认识各新媒体平台，从结构维度上划分，一般可将全媒体矩阵分为横向矩阵和纵向矩阵两种类型。

1．横向矩阵

横向矩阵是指企业在全媒体平台的广泛布局，包括自有App、网站和各类新媒体平台，如微信、微博、今日头条和一点资讯等，也可以称为外部矩阵。图1-3所示为根据媒体传播的内容类型进行归类整理的横向新媒体矩阵。

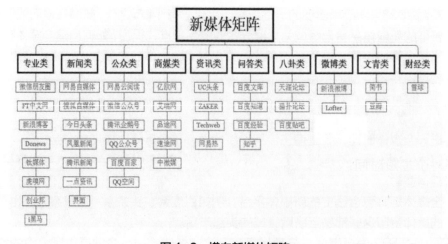

图1-3　横向新媒体矩阵

2．纵向矩阵

纵向矩阵主要是指企业在某个媒体平台的深入布局，是其各个产品线的纵深布局，也可以称为内部矩阵。

例如，在微信平台上我们可以布局订阅号、服务号、社群、个人号及小程序。表 1-1 所示为微信、今日头条和微博的部分纵向矩阵。

表 1-1　微信、今日头条和微博的部分纵向矩阵

微信	今日头条	微博
订阅号	头条号	动态
服务号	抖音	新浪看点
社群	悟空问答	秒拍视频
个人号	西瓜视频	新浪直播

1.2.3　4 个优势

随着更多样的媒体平台进入大众视野，掌握不同平台的不同特点和不同用户属性，并据此构建全媒体矩阵，已成为当代中小企业运营品牌的关键。下面为大家介绍搭建全媒体矩阵的优势。

1．扩大宣传范围

全网共有 50 多个新媒体平台，然而每个平台的用户群体都有一定的局限性。一般很少会有人同时刷多个 App，因此用户比较分散，那么我们需要选择多个媒体平台进行运营，才能拓宽自己的宣传渠道，从而扩大粉丝群体，这样一来，不管你在哪个平台运营都可以有自己的粉丝。

2．降低运营成本

要想降低销售成本，可以通过组建全媒体运营团队自行管理账号来实现，这比通过传媒公司投放广告要节省很多费用。同时，由于公司内部的运营人员，比起外包的传媒公司对品牌和企业文化有更深入的理解，他们能更高效地进行企业运营活动。

3．培养口碑

对于想短时间内提高知名度，或者想打造独立品牌，走 IP（Intellectual Property，知识产权）运营路线的运营者来说，打造矩阵是最好的选择。企业的知名度提高了，运营效率就能有效增加，从而能更好地增加收益。

例如，大型餐饮企业"海底捞"，就借助全媒体矩阵对企业文化进行宣传，在微博、小红书、抖音等平台上宣传"服务至上、顾客至上"的理念，传递服务精神，

从而赢得了良好的口碑。

4．招募员工

运营者可以利用全媒体平台，对公司的企业文化进行宣传，这有利于吸引更多优秀人才。一个优秀的企业团队，能够提供丰富的运营方案，并能够在人数足够的情况下，在更多的平台上进行有计划的布局。

1.2.4　4个特点

全媒体在当前并没有一个被普遍认可的准确的定义，它是随着信息技术和通信技术的发展、应用和普及从以前的"跨媒体"逐步演变而来的，关于构建全媒体矩阵的特点，主要包括以下4点。

（1）更广的传播形式和渠道。从传播载体和工具分类，可分为：报纸、杂志、广播、电视、音像、电影、出版、网络和卫星通信等。

从传播内容所依赖的各类技术支持平台来看，除了传统的纸质、声像外，还有基于互联网络和电信的WAP（Wireless Application Protocol，无线应用通信协议）、GPRS（General Packet Radio Service，通用分组无线业务）、3G（Third Generation，第三代移动通信技术）、4G（Four Generation，第四代移动通信技术）及流媒体技术等。

搭建全媒体矩阵能够将信息传播得更广，极大地增加了产品或者品牌的曝光量。

（2）更全面的表现形式。全媒体并不排斥传统媒体的单一表现形式。在整合运用各媒体表现形式的同时，全媒体仍然很看重传统媒体的单一表现形式，并视单一表示形式为全媒体中"全"的重要组成部分。

（3）更细分的盈利形式。全媒体在传媒市场领域里的整体表现为大而全，而针对受众个体则表现为超细分的服务。

对同一条信息，通过全媒体平台可以有多种多样的表现方式，但同时也会根据不同用户的不同需求，以及信息表现的重点来对所采用的媒体形式进行取舍和调整。例如，在展示某一楼盘信息时，用图文来展示户型图和楼书中的客观描述信息；利用音频和视频来展示更直观的动态信息。

同时，对于使用宽带网络或3G手机的用户则可采用在线观看样板间的三维展示方式及参与互动性强的在线虚拟小游戏等。

全媒体不是越大而全越好，而应根据其需求和经济性来综合运用各种表现形式和传播渠道。全媒体超越跨媒体的关键在于其用更经济的眼光来看待媒体间的综合运营，力求投入最小、传播最优、效果最大。

（4）更全面的信息融合。全媒体矩阵体现的不是跨媒体时代媒体间的简单连接，而是全方位融合——网络媒体与传统媒体乃至通信的全面互动、网络媒体之间的全面互补、网络媒体自身的全面互融。总之，全媒体的覆盖面最广、技术手段最全、媒介载体最多样、受众传播面最广泛。

例如，"人民日报"也逐渐从传统的纸媒转型，走向多平台、全媒体矩阵发展，建立起网络媒体与传统媒体之间的桥梁，实现新媒体与传统媒体的相互融合。

本章小结

本章主要向读者介绍了全媒体运营的基本知识，通过对全媒体运营和全媒体矩阵的相关内容进行详细讲解，帮助全媒体运营者了解全媒体运营的基本内容，有利于为之后实际运营打下坚实的基础。

课后习题

1. 全媒体运营有哪些特点？
2. 构建全媒体矩阵的优势有哪些？

第 2 章

账号定位，明确运营的方向

学前
提示

　　账号定位主要是指运营者在不同新媒体平台上，对自己账号发布的内容、目标用户群体的定位。账号定位是进行全媒体运营的基础，对于运营成功至关重要。

　　本章将为大家讲解在全媒体运营过程中，账号定位的相关概念和方法，帮助大家更清晰地确定运营的方向和目标。

要点
展示

● 用户定位：提升用户体验
● 内容定位：提升品牌形象

2.1 用户定位：提升用户体验

移动互联网时代，全媒体矩阵已经成为新型的营销方式，它能够为企业带来巨大的利益。为了打造全媒体矩阵，更好地实现全媒体运营，运营者首先需要对自己企业所需推广的品牌进行精准定位，并分析用户到底喜欢什么样的内容。

2.1.1 定位前的两个思考

在做各平台账号定位之前，新媒体运营者首先需要明确账号定位的目标，明确了定位的关键点之后，运营者在给账号定位的时候思路会更加清晰。所以，定位之前运营者需要认真思考两个问题，具体如图 2-1 所示。

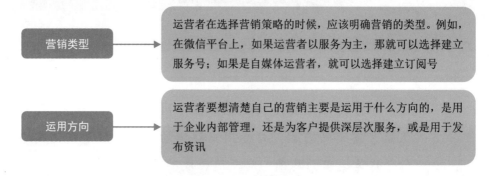

营销类型 → 运营者在选择营销策略的时候，应该明确营销的类型。例如，在微信平台上，如果运营者以服务为主，那就可以选择建立服务号；如果是自媒体运营者，就可以选择建立订阅号

运用方向 → 运营者要想清楚自己的营销主要是运用于什么方向的，是用于企业内部管理，还是为客户提供深层次服务，或是用于发布资讯

图 2-1 定位前的思考

除了要明确营销类型和运用方向之外，运营者还要做到关键的一点，即根据企业自身的特点、受众和调性来定位公共平台上运营的内容特色、受众和调性。

（1）受众定位：考虑受众年龄、性别、地区和行业等特征。

（2）内容定位：分析受众更喜欢看哪种类型的内容。

（3）调性定位：包括运营者的品牌形象、语言风格和价值观等，这些因素可以帮助运营者确定公共平台所呈现的内容应该营造的氛围和情感。

定位的偏差会导致我们的内容运营越走越窄，最终走进难以突破的瓶颈期。所以，我们在正式发布内容之前一定要先解决目标用户的定位问题。

2.1.2 定位目标用户的 3 个步骤

在全媒体运营的过程中，用户定位是至关重要的一环。只有了解自己的目标用户，才能根据这些用户的需求，制作出相应的内容，达到最好的营销效果。目标用户定位主要要做两件事，目标用户定位主要包含以下步骤：

（1）明确自己的目标用户群体。

（2）了解这些目标用户的主要特征和需求。

如果运营者能够充分理解以上两个方面，那么对后面的服务定位和平台定位都是大有好处的。通常，运营者在对目标群体特征进行分析的时候，主要从两方面入手，具体如图 2-2 所示。

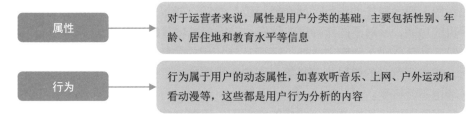

图 2-2　目标群体特征分析的两个方面

作为一个优秀的新媒体运营者，对目标用户所进行的群体特征分析应具有以下几个特性，如图 2-3 所示。

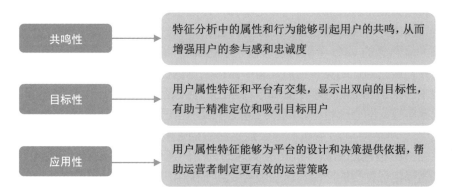

图 2-3　群体特征分析的几个特性

介绍完目标群体特征分析的内容后，下面向大家介绍一下目标用户定位的流程。通常来说，对目标用户的定位需要经过 3 个步骤，如图 2-4 所示。

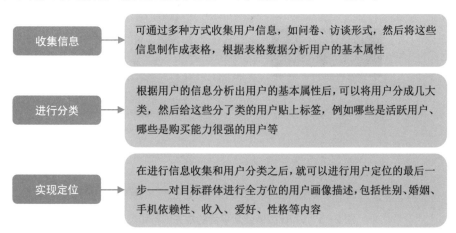

图 2-4　目标用户定位需要经过的 3 个步骤

2.1.3 产品的服务定位

运营者若想成功投入全媒体运营和营销领域，就必须深入了解自己的企业特色、产品特色，有针对性地进行产品服务定位。例如，如果是手机厂商的话，就应该根据手机的功能，针对不同年龄层的用户，进行精准化营销和宣传。

除了从竞争对手角度出发外，还要从目标用户的角度提炼出用户喜爱的差异化服务。如果运营者的差异化服务不是用户所需要的，那么即使推出了相关服务，用户可能也不会接受。

在互联网时代新媒体平台众多的情况下，运营者想要抢占运营和营销高地，希望自己所运营的账号在新媒体平台上的众多账号中脱颖而出，就必须打造出独具特色的新媒体账号。

运营者可以给自己的新媒体账号和产品进行差异化的产品和服务定位。差异化的产品和服务定位首先需要对竞争对手有一定的了解，然后分析自己与竞争对手之间的差异和优势，最终确定自己的服务特色。

以大众熟悉的 vivo 手机为例，该手机品牌的宣传抛弃了"广撒网"的做法，并且巧妙地避开自己的竞争劣势，集中宣传自己的优势，比如外观时尚、专业级的影像技术、快速充电功能等。品牌方将自己的目标客户锁定到年轻一族的身上，很好地把握年轻人的心理特征，成功打造出了属于自己品牌的产品和服务特色。

图 2-5 所示为 vivo 手机微信公众平台的相关服务和微商城。vivo 通过该微信公众平台介绍自己的新款手机和抽奖活动，用户还可以通过该平台直接进入 vivo 微商城选择自己钟爱的产品，这些服务受到不少用户的喜爱。

图 2-5　vivo 微信公众平台的相关服务和微商城

2.1.4　两种平台类型

在全媒体运营中，运营者首先应该确定的是，所要运营的平台是一个什么类型的平台，以此来确定账号的基调。账号的基调主要分为 5 种类型，分别是学术型、媒体型、服务型、创意型和恶搞型。

运营者在做平台定位时，应该根据自身条件的差异选择具有不同优势和特点的平台类型，具体包括以下两类。

（1）自身有足够影响力的平台类型，其特点如下：

- 账号质量比较高。
- 目标用户较集中。
- 运营稳定性较强。
- 大部分内容属于偏干货和具有学术范。

（2）足够特别和另类的平台类型，运营者只需找到一个最佳的切入口，做该细分领域的意见领袖。

专家提醒

> BAT，其中 B 指百度、A 指阿里巴巴、T 指腾讯，是中国三大互联网公司百度公司（Baidu）、阿里巴巴集团（Alibaba）、腾讯公司（Tencent）首字母的缩写。

另外，在定位平台内容、选择何种平台类型的同时，还应该对平台的自定义菜单进行相应规划，以便能够清楚地告诉用户"平台有什么"。对自定义菜单进行规划，究其实质，就是对平台功能进行规划，主要可从 4 个维度进行思考和安排，分别是目标用户、用户使用场景、用户需求和平台特性。

值得注意的是，做好平台定位是非常重要的，运营者要慎重对待，因为只有做好了平台定位，并对其基调进行了确定，才能做好下一步要进行的用户运营和内容运营，从而最终实现平台的良性发展。

2.2　内容定位：提升品牌形象

不论运营者运营的是哪几个新媒体平台的账号，内容定位都是运营者需要面对的问题。首先，运营者需要搞清楚自己账号的内容定位是什么，一个好的内容定位是账号运营成功的基础；其次，运营者需要考虑自己应该选择什么样的内容；最后，运营者需要思考自己的内容素材从哪里来，是通过自己拍摄视频来制作素材，还是购买有版权的素材。

2.2.1 更多的展现形式

互联网和移动互联网作为一种新的信息传播媒介，对内容定位的要求是很严格的，不仅要求内容包罗万象，还要求运营者通过多种信息载体和多种媒体形式来传递信息。

在网络上，运营者可以通过文本、图片和视频等多种方式展示内容。然而，很多运营者不知道如何对内容进行定位，也不知道要展示什么样的内容才能吸引人。

运营者想要做好全媒体运营和营销的内容定位，首先要对内容的表现形式进行选择。运营者只用文本、图片和视频等方式展示内容是完全不够的，而想要通过更独特的方式去展示内容，就要对展示方式有一定的了解。

例如，有的运营者就通过炫酷、有趣的 HTML5（HyperText Markup Language 5，超文本标记语言的第五次修订版）等方式来展示内容，这种内容展示方式在运营和营销领域中已经火了一段时间了。还有的运营者采用语音推送方式，即每天推送一段带有关键信息的语音内容。

2.2.2 两个素材来源网站

对于新媒体平台来说，不可能每一条图文消息都是原创的，那样既浪费时间又浪费精力。因此，运营者要想获得更多素材的话，那么就必须了解几个合适的素材来源网站，如图 2-6 所示。

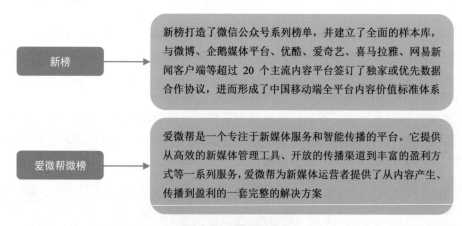

图 2-6 素材来源网站

2.2.3 5 种内容收集方法

运营者要想获取内容，除了可以从相关来源网站上获取素材外，还可以从多个渠道获取内容。也就是说，在编辑内容之前，运营者需要先弄清楚内容有哪些来源，从而弄清楚向哪些人群收集平台的内容。媒体平台上发布的内容可以从以下 3 个渠道进行收集，如图 2-7 所示。

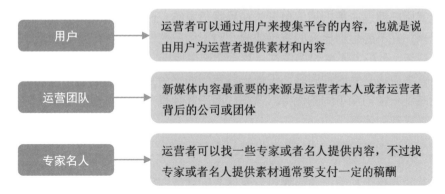

图 2-7　平台内容的 3 个收集渠道

从目前市面上正在运营的新媒体平台来看，很多运营者对新媒体账号运营的理解就是建个账号，然后发点与自己的产品有关的广告内容，而通常这种纯广告式的内容是没有什么价值的，用户的关注度也不高。

建立在满足用户需求上的内容势必更加吸引人。所以，运营者发布的内容需要满足用户的实际需求，这样才能达到预期的效果。下面为大家介绍 5 种关于平台内容的收集方法。

1．重视用户感受

很多用户会通过微信、QQ 等社交平台表达他们的不满，也有很多用户会通过这些平台表达赞美。运营者千万不能忽视这些信息，完全可以加以利用。

2．了解用户需求

运营者要深入了解用户需求，这样才能解决用户问题。要清楚用户在说什么，要留意用户搜索什么产品，并把用户关注的这些问题分门别类地进行整理，然后针对这些问题设计平台内容。

3．介绍知识性信息

通常，一段干巴巴的产品介绍、产品说明是无法吸引用户目光的，这就要求运营者对所推销的产品进行知识性的扩展。

很多用户喜欢带有知识性的内容。以文物为例，运营者如果要介绍某些文物，就不能只介绍文物的外观、形状、材质和制造工艺等内容。这些固然重要，但是用户更喜欢了解文物背后的故事，比如它的由来、制作过程中发生了哪些趣事、有什么价值等。

4．设计优惠活动

很多用户都是冲着折扣信息去关注品牌信息的，但是把促销信息"一窝蜂"地发布出来，并不能起到显著的宣传效果。对于用户来说，这种内容就像街头路边散发的小广告，他们并不会过多关注，甚至会产生反感。

运营者应该避免这种误区，设计一些专门为平台会员打造的活动或优惠活动，让他们感到一种与众不同的优待。这样，用户才会有一种被重视的感觉，对平台也会越来越喜欢和依赖。

5．分享热门内容

运营者要善于利用资源，通过分享他人的精华内容来丰富平台素材库。因此，运营者可以从网上摘录一些经典的文章分享到新媒体平台上，或者收集一些网上最新、最热门的段子来迎合用户的喜好。但是，运营者在将这些文章、段子转发到平台上时一定要记得注明文章和段子的来源。

2.2.4　内容写作的 3 个误区

随着互联网和移动互联网时代的到来，各种营销信息泛滥成灾，大量没有价值的垃圾信息充斥其中，占据了大众的视线和时间。要想让自己的内容吸引用户阅读，避开内容写作中的误区是至关重要的。下面为大家介绍内容写作需避开的 3 个误区。

1．内容没有创新

运营者创作内容文案的目的其实只有一个，那就是为了获取更多用户的关注，在平台文章中植入广告也是为了借助内容推销产品。据了解，有 99% 的运营者把自己的平台内容编写成了路边的普通宣传单。

如果运营者的平台内容都是千篇一律，没有新意和实用价值的，用户是不会关注的，运营者预期的宣传效果也就无法实现了。

2．推送太过频繁

新媒体平台推送信息的到达率还是很高的，特别是微信公众号，它的推送信息到达率可以达到百分之百。因此，运营者会乐此不疲地推送过多的信息，形成"轰炸"之势，以为这样就能引起用户的兴趣。实际上，这些运营者忽略了内容的阅读率，用户虽然收到了这些平台的消息，但却不会一一点开查看。

过多的"垃圾"信息只会让用户心烦，甚至会让他们产生逆反心理，不去翻阅，那么运营者的很多消息并没有真正被用户接受。

3．硬性植入广告

有时，运营者急于宣传，因此在平台信息中强行植入广告，这种做法技术含量低，完全没有考虑到用户的感受。

这种广告事实上也不会收到多少反馈效果，只会让用户感到更加厌烦，运营者最终得不偿失。

本章小结

本章主要向读者介绍了全媒体运营中账号定位的相关知识，主要包括用户定位和内容定位。通过本章的学习，全媒体运营者可以更明确自己的运营方向。

课后习题

1. 定位目标用户的步骤有哪些？
2. 在平台上发布内容，内容的收集方法有哪些？

第 3 章

策划品牌，打造个人特色 IP

学前提示

　　策划品牌主要是指运营者在不同媒体平台上包装自己的账号，设置相关内容，从而打造具有个人特色的 IP。

　　本章将为大家讲解在全媒体运营过程中，如何策划品牌，打造独具个人特色的 IP。

要点展示

● 形象包装：提升用户好感

● IP 打造：提高品牌知名度

3.1　形象包装：提升用户好感

个人 IP 的品牌建设是一个复杂而深入的过程，它不仅是个人商业模式的阶段性目标，更是个人事业发展的重要里程碑。个人 IP 打造成功之后，也会有下一步的发展目标，即扩大 IP 的商业化和实现品牌的企业化。

俗话说，"有了金刚钻才敢揽瓷器活"，这里的"金刚钻"主要是指运营者的个人商业模式，而"瓷器活"则是指引流盈利能力。本节主要向读者介绍在自媒体时代打造高端个人 IP 品牌的 6 项要点，帮助运营者进行形象包装，赢得用户好感，增加信任感，提升自己的存在感。

3.1.1　账号名称的 3 个要点

在新媒体平台中，拥有一个既得体又极具特色的账号名称是非常重要的，对普通人来说可能这个账号名称无关紧要，只要自己高兴便好，但对于运营者来说，就要仔细斟酌，再三考虑。

因为每个运营者都有自己不同的运营目标，要给粉丝用户呈现出独特的理念才行，因此账号名称一定要有很高的识别度。

账号名称的总体要求是，告诉大家你是谁，以及你是做什么的。同时，账号名称还要考虑两点：易记、易传播。把握好这些要点才能起一个满意的名称，具体内容如图 3-1 所示。

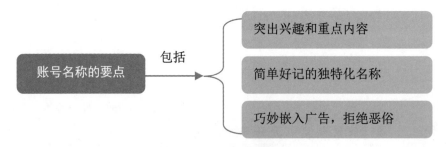

图 3-1　账号名称的要点

除了这 3 个起名要点之外，运营者在起名的时候还要避免 4 个误区，具体内容如下。

（1）没有汉字，全是符号。

（2）使用繁体字和负能量的字词。

（3）名字前面加很多个字母 A。

（4）名字太长且没有亮点。

说了这么多要点，其实还是建议运营者起一个简单好记的账号名称，例如直接取自己的名字，这样做主要有以下两点好处。

（1）增加信任度：让用户有一种亲近的感觉。

（2）方便用户记忆：印象深刻，让人难以忘记。

其实使用自己的真名对于增加粉丝信任度是很有帮助的，因为银行卡和支付宝账号都是实名制，用户看到真实名字通常会产生好感。如果不想让自己的名字变得人尽皆知，可以使用自己的网名，这也不失为一个好方法。

> **专家提醒**
>
> 　　需要注意的是，直接使用产品名称作为账号名称的话，其实是非常危险的，要慎用。因为用户的眼睛是雪亮的，看到广告可能会产生一种排斥情绪，不利于账号的运营与发展。

3.1.2　头像设置的 4 个技巧

除了账号名称以外，平台上的个人头像是最惹人注意的。在我们的微信好友列表中可以看到，朋友们的头像通常是多种多样的，而不同的头像有着不同的心理活动。在头像能表示不同心理活动的情况下，拥有一个别出心裁的头像，能够得到用户的好感和信任。下面为大家介绍使用不同类型照片作头像的心理特点。

（1）用生活照作头像：对自己的接纳度较高。

（2）用证件照作头像：中规中矩。

（3）用艺术照作头像：有较强的自我中心倾向。

（4）用童年照作头像：较感性，觉得过去生活美好。

（5）用家人照片作头像：有很强的依赖性。

（6）用卡通图片作头像：思维较开阔。

自媒体头像设置也是有技巧的，运营者要根据自己的定位来设置，主要从这几个方面着手，如图 3-2 所示。

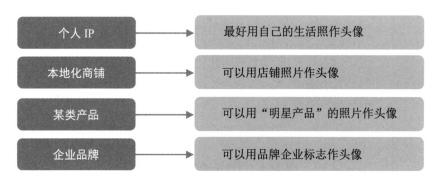

图 3-2　自媒体头像设置的技巧

大部分企业通常选择使用企业的 Logo（logotype，徽标或商标）作为头像，华为的微博和公众号头像就是采用这种方式来设置的，如图 3-3 所示。而且，除了这两个平台之外，更是全平台都使用同一个头像。这样做更具有品牌性，能够增加观众对该品牌 Logo 的了解，让人一看到该图案，就想到该品牌。

图 3-3　华为的微博和公众号头像

3.1.3　个性签名的目的和特点

所谓"个性签名"，即能够充分表现自己的话语（签名），是在自媒体平台上展现个人信息的重要内容之一。个性签名的目的和特点如图 3-4 所示。

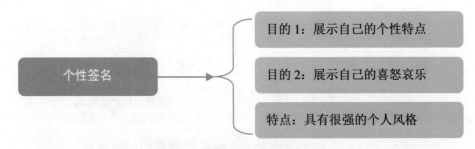

图 3-4　个性签名的目的和特点

个性签名会给用户留下第一印象，所以运营者要特别注意自己的个性签名。例如，在微信中，个性签名会显示在个人主页里面，当好友搜索到你，将要添加你的时候，肯定会查看你的个人信息，这时候的个性签名就是一个"加分项"。

在个性签名里面最好不要直接出现产品信息或者推广的相关内容。个性签名的内容就好比现实生活中的名片，在很大程度上决定你能够获得的粉丝数量。只有那些自然、大气的文字介绍，才会吸引别人的注意，并激发别人和你进行进一步沟通和互动的兴趣。

3.1.4 封面背景的 4 个特点

在微信朋友圈、微博、抖音、快手等平台中，都需要设置背景墙封面，这是一个与名称和头像都不一样的个性设置场所，其特点如图 3-5 所示。

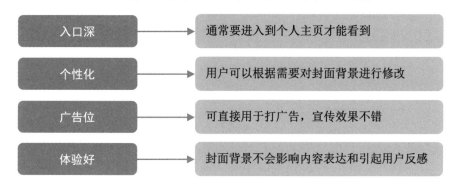

图 3-5 封面背景的特点

从展示位置的顺序来看，头像是运营者的第一广告位，但如果从展示效果的充分度而言，封面背景的广告位价值更大。那么，它大在哪里？大在尺寸，可以放大图和更多的文字内容，更加全面充分地展示我们的个性、特色、产品等，实现完美布局。

3.1.5 添加合适的地理位置

在抖音、微信朋友圈、微博等平台发布内容的时候，都可以添加自己的地理位置信息。更特别的是，运营者可以通过这个功能，给全媒体运营带来更多的突破点，如果应用得当，甚至可以说是给自己又免费开了一个宣传广告位。

下面以朋友圈为例，介绍在动态内容中添加地理位置的操作方法。

步骤 01 编辑一条"朋友圈"信息，并点击"所在位置"按钮，如图 3-6 所示。

步骤 02 执行操作后，即可进入"所在位置"界面，点击右上角的 Q 按钮，如图 3-7 所示。

步骤 03 输入一个地理位置进行搜索，在弹出的搜索结果中点击相应的按钮，如图 3-8 所示。

步骤 ④ 执行操作后，弹出"创建位置"界面，可以在这个界面填写所在地区、所属类别等内容，下面还可以添加电话号码以方便对方联络商户，如图 3-9 所示，点击"完成"按钮，设置完成。

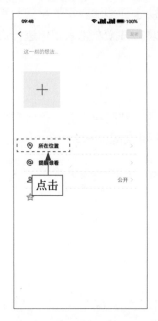

图 3-6 点击"所在位置"按钮

图 3-7 点击相应的按钮（1）

图 3-8 点击相应的按钮（2）

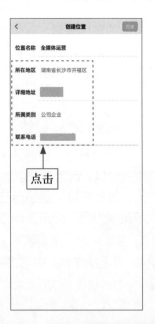

图 3-9 填写"创建位置"信息

3.1.6　设计合适的招牌动作

专家提醒

一个真正成功的自媒体个人商业模式运营者，应该能够合理地利用每一个小细节来进行自我宣传。利用地理位置信息这个小细节的难度并不高，仅仅是利用微信中的自定义位置的功能，就能够设置成功。

在微信朋友圈等社交平台上发布内容时，添加地理位置信息是一个简单却有效的自我宣传手段。通过微信的"自定义位置"功能，用户可以轻松地在发布的动态中标注自己的位置信息，从而提高内容的可见度和互动性。这一策略不仅能够增加内容的本地化特征，吸引周边用户的关注，还可以作为一种巧妙的营销手段，提升个人或品牌的知名度。

无论在哪个时代，一个具有远大理想、勇于拼搏、敢于奋斗的人都更容易引起人们的关注和鼓励。因此，运营者在自媒体平台上一定要形成自己独特的标签，除了头像、名称和封面背景等账号基本设置外，运营者还可以设计自己的"招牌动作"，来加深用户对自己的印象。

运营者一旦设计了自己的招牌动作，就需要在每次有曝光机会的时候都使用这个招牌动作。因为招牌动作如果只出现一次，是不会被用户记住的，要想让自己的招牌动作深入人心，就必须增加它的曝光次数。

例如，某短视频创作者因为一句"好嗨哦"的口头禅而广为人知，其短视频风格能够带给观众一种"红红火火、恍恍惚惚"的既视感，有趣的内容不仅能够让人捧腹大笑，而且还可以让心情瞬间变得好起来，该创作者在抖音平台上吸引了3000多万粉丝的关注。

当你的招牌动作出现次数比较多的时候，很容易在用户脑海中起到"视觉锤"的效果，以后用户只要看到这个动作，就会联想到你。不过运营者要注意，招牌动作应尽量设计得简单且有特色，太复杂的动作在实际应用时可能会带来不便。

专家提醒

运营者要展现出积极向上，有强烈、上进心的形象，并且是一个努力奋斗的人，要让用户能够感受到你个人的热情与温暖。这样，你不仅能够激励用户，并且还能提升他人对你的评价与看法，吸引用户的关注，让大家更加信任你，支持你的事业。

3.2 IP 打造：提高品牌知名度

全民创业时代，"得 IP 者得天下"你有自己的 IP 吗？

互联网中涌现出了大量的创业者，他们中的许多人来自不同的背景和专业领域，但他们都对互联网的未来充满了信心和热情。这些创业者们充分利用了互联网的便利性和无限可能性，开创了自己的事业。

所以经常会有这样的想法："我不想这样继续下去了，我要创业，可是我手头只有十几万元，怎么创业呢？现在随便租个店铺，进点货都是几十万元的成本，十几万元恐怕只够交房租的。"

但是，创业不一定需要大量资金才能开始，现在已经是自媒体时代了，只需一根网线、一部手机、一台电脑就可以创业。自媒体为我们每个人打开了低成本创业的大门。进行全媒体运营，能够增加创业成功的机会。

门槛越低的创业，就意味着竞争越激烈，那么我们应该如何让自己在这个自媒体时代分一杯羹？最重要的就是打造自己的强 IP，让别人一下子就能想到你。本节将为大家介绍打造个人品牌 IP 的技巧。

3.2.1 做擅长事情的优点

每个人都有自己的优点，只是自己有时候很难发现。

在自媒体时代，我们最主要的任务就是做自己擅长的事情，因为在这个"时间就是金钱"的时代里，没有太多时间和机会去学习大量的技能。

如果你唱歌特别好，那就把自己唱歌的视频录好，然后发送到多个平台即可；如果你会跳舞，那就只发跳得最好的视频到平台上即可；如果你别的都不会，但是发现自己养猪特别在行，也可以在网上分享你养猪的心得或者视频，毕竟现在的猪肉价格比较高，感兴趣的人也不少。

因此，要想打造个人品牌和超级 IP，必须去做自己擅长的事情，切忌盲目地跟风模仿。例如，当你看到网红分享的口红很火，就去模仿他们拍涂口红的视频；接着你又看到"代古拉 k"跳舞视频受欢迎，又去模仿她拍跳舞的视频。最后，一顿折腾下来，不仅没有涨多少粉丝，而且还可能会让你变成一个"四不像"。

去做自己擅长的事情的优势在于：打造鲜明的个人风格。只有这样才能有机会被大众记住。所以，运营者应该在自己的专业领域去突破创新，在这个过程中去打造属于自己的风格特色，才能吸引用户关注。

3.2.2 明确定位的两个技巧

如今，由于平台的同质化越来越严重，用户对于平台的依赖性正在逐渐降低，转而更加关注运营者和产品本身。在这种情况下，各个细分领域的专家拥有更多的粉丝和流量，代表着他们的主动性更强，更有能力实现盈利。

普通人要想打造个人 IP，首先需要一个明确的核心价值观，即平常所说的定位，也就是你能为用户带来什么价值。因此，在明确自己特长的前提下，运营者需要找好自己的定位。例如，你目前做的是职场领域，或是职业教育等，一定要专注于某个垂直领域，然后再进行内容的深耕。

选好领域后，就要定位自己内容的目标人群。因为我们尽心尽力制作这么多内容，不仅是为了自己欣赏，更是要进行商业盈利。例如，如果你对母婴产品及产业链很清楚，则可以围绕着母婴话题展开内容，那么毫无疑问目标用户就是"宝妈宝爸"们；如果你的内容定位为"养生"，那么就要瞄准中老年市场，当然也可以是关注养生的年轻人。

个人 IP 需要找到自己的精准目标客户群体及其痛点需求，弄清楚了这一问题，可以有以下两个方面的好处。

（1）生产内容或产品：可以帮助自己生产出更符合用户需求的内容或产品，这样的产品自然能够成为最受用户欢迎的产品，同时这样的产品也是最具市场竞争力的产品。

（2）宣传与推广：可以帮助自己在后期的商业宣传、推广过程中，更有针对性地进行宣传与推广，并减少宣传、推广过程中一些不必要的事项，从而达到更好的推广效果。

运营者首先要找准用户的全部需求，然后针对这些需求确定产品的主要功能，接下来根据目标用户群体的偏好选择优先打造的内容或产品，最后确定用户对产品的核心需求。明确内容和产品定位的相关技巧的具体内容如图 3-10 所示。

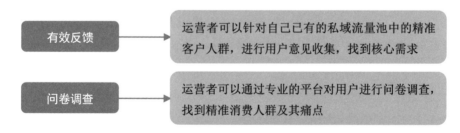

图 3-10　明确内容和产品定位的相关技巧

当价值观明确了之后，运营者才能更轻松地作出决定，对内容和产品进行定位，然后朝着一个方向努力，进而突出自身独特的魅力，从而得到用户的关注和认可。

个人 IP 运营始终要明白一个道理：你是一个怎样的人并不是最重要的，最重要的是在别人眼中的你是一个怎样的人。因此，明确内容和产品定位是为了形成精准的用户画像，找到个人标签，从而告诉别人你是谁，对他有什么作用和价值。

3.2.3　培养 IP 气质的 3 个技巧

在有了清晰的定位之后，接下来要做的就是如何让别人彻底记住你，最好是像某些博主一样，达到让大家一看到相关物品，或者听到某句话就能想到你的程度。

你可以针对抖音、快手等平台上的一些极具辨识力的网络达人进行研究，会发现他们都有自己专属的口头禅或者固定的开场语。这些都不是随意的，而是他们团队早就精心设计好的。

之所以一遍又一遍地重复，就是为了加强自己的 IP 独特性。例如，某博主的惯用开场语为："很多网友留言说想看 ×× 车，今天它来了；别问落地价，因为 ×× 无价。"重复使用开场语的目的就是为了强化自己的 IP 独特性，让经常关注自己的人能够熟知该内容。

这样做有什么好处？人们只要听到这句话，就会立马想到那个对应的人。即便说这句话的不是对应的人，人们也能立刻就想到他是在模仿谁。这就是 IP 的辨识度，它能够让你在无形中产生影响力。

当然，如果你只想做一个小小的网络博主，那你只需要每天去网上露个脸，刷一下存在感即可。但是，如果你想打造成个人 IP，还需要学会推广和运营自己，培养有辨识度的人格化 IP 气质。培养人格化的 IP 气质的具体如图 3-11 所示。

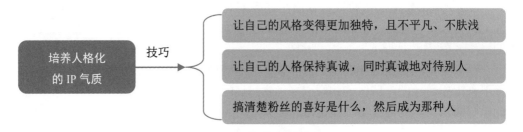

图 3-11　培养人格化的 IP 气质

俗话说："小胜在于技巧，中胜在于实力，大胜在于人格。"在互联网中这句话同样有分量，那些已经成名的个人 IP 之所以能受到别人的欢迎和认可，其实也从侧面说明他们具备了一定的人格魅力。

3.2.4　打破认知的两个优点

如果运营者都是中规中矩地出现在各行各业中，就很容易掩盖自己的闪光点。如何才能快速地增加自己的知名度？关键之处就在于打破人们的认知。

以车为例，人们一般以为只有男生才喜欢车。其实不然，某网络女博主就专门从这个角度出发，向大家传递了关于车的相关知识和见解，打破了人们的传统认知，因此被人们快速记住。

打破认知，说白了就是故意造成人们认知的反差，让你更具有话题性，从而成为你的标志。举个例子，一般卖猪肉的都是特别彪悍、特别强壮的人，而你派一个穿着职业装的美女挥着大刀去卖猪肉，就很容易让人们记住，这就是打破认知。

打破观众的认知，主要有两个优点，具体内容如图 3-12 所示。

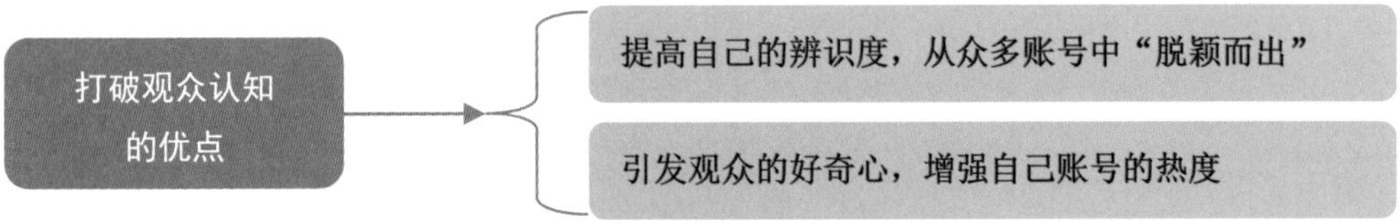

图 3-12　打破观众认知的优点

3.2.5　持续输出优质内容

除了前面讲到的 4 个个人 IP 属性之外，运营者还需要具备最后一个属性，即能够持续输出优质内容，快速实现内容盈利，打造自媒体个人商业模式的闭环。

运营者要想提升流量，吸引用户关注，提升用户的留存率，就必须提供足够优质的内容，这是实现这些目标的基础，只有优质的内容才能让个人 IP 持续获得用户的认可。因此，运营者必须定期更新内容，内容最好与热点事件相关，但是要注意尺度，否则，将会徒有如此多的粉丝而不能盈利，也会让个人商业模式陷入僵局。

个人 IP 的内容多以文字、图片、语音、视频等形式表现主题，如果想要自己的内容脱颖而出，就必须打造符合用户需求的内容，做好内容运营，用高价值的内容吸引用户、提高阅读量，从而带来更多流量和商机。

本章小结

本章主要向读者介绍了全媒体运营中策划品牌的相关知识，主要包括品牌的形象包装和 IP 打造。通过对本章内容的学习，全媒体运营者能够打造具有个人特色 IP。

课后习题

1. 设置账号名称应注意哪些要点？
2. 怎样培养自己独特的 IP 气质？

吸粉引流

第 4 章

吸粉运营，搭建全媒体矩阵

学前提示

吸粉运营主要是指运营者通过利用相关平台、构建合适的团队等手段，来提高运营管理能力，从而更有效地吸粉和进行运营。

本章将为大家讲解在全媒体运营过程中，如何吸粉运营、搭建全媒体矩阵。

要点展示

- 矩阵搭建：提高 IP 知名度
- 平台借助：提高管理效率
- 团队打造：奠定管理基础

4.1 矩阵搭建：提高 IP 知名度

目前，有很多平台运营者为了吸引更多的流量，都会建立自己的平台矩阵，同步推广内容，以此来扩大 IP 的知名度及影响力。

那么，应该如何搭建全媒体矩阵呢？本节就来为大家介绍相关技巧。

4.1.1 矩阵的 3 种类型

全媒体矩阵的定位不像微博号、微信号那么简单，一方面要根据类型的不同进行定位，另一方面要根据发展的不同阶段来规划，这就需要战略定位。根据矩阵的体量和结构大致可将全媒体矩阵分为 3 类，具体内容如下。

（1）以 App 为核心的新媒体集群，一般为大型传媒和企业。例如目前的头部新媒体企业"字节跳动"，该企业旗下就有近 20 个 App 产品，包括抖音、今日头条、剪映、西瓜视频和轻颜相机等。

（2）没有 App 的自媒体矩阵，适合一些中小型媒体和企业。大部分中小型企业都是有实体店的，它们借助各种新媒体平台搭建全媒体矩阵，主要是为了吸引更多用户群体。

（3）MCN（Multi-Channel Network），即多频道网络，是一种将 PGC（Professionally Generated Content，专业生成内容）内容联合起来的产品形态。在资本的大力支持下，保障优质内容的持续输出，最终实现商业的稳定盈利。

严格来说，MCN 不算新媒体矩阵，而是属于整合营销传播矩阵，但它也有一定的媒体属性。

媒体开发的 App 有不同的发展阶段，第一阶段往往是由政府扶持媒体输血，等运作走上正轨之后，就要实现第二阶段，即与市场和用户的对接，并逐步具备造血功能且具有较强的盈利能力。这两个阶段的定位是不同的，而这两个阶段的对接与转换是整个规划的重点和难点。

4.1.2 矩阵设计的 3 个例子

以"用户圈"为核心，打造新媒体矩阵这个"用户圈"是借用商业营销中的一个概念，在传统主流媒体的新媒体矩阵建设中，要充分利用自己的影响力和权威性，通过深度融合来扩大传播的影响力和有效性，并开展各种营销活动。

打造"用户圈"的本质是把新媒体作为社交平台，把用户作为新媒体矩阵构成的核心。下面为大家介绍 3 个进行矩阵设计的例子。

1. 人民日报

在中央级媒体方面，人民日报也进行过以打造"用户圈"为核心的矩阵设计。人民日报综合官方网页、微信、微博、新闻客户端、人民电视、电子阅报栏等多端资源，构建了"数据中心"和"信息超市"，打造出一个现代化的新媒体矩阵，在移动传播上卓有成效。

2．成都商报

成都商报依托其报纸主业，借助各种数字化平台，不断拓宽其传播渠道：在微博方面，开通"成都商报""成都商报美食""成都商报旅游"等多个账号，与用户积极互动；在微信方面，精心运营"成都商报""成都商报四川名医"等微信公众号。

此外，成都商报还先后推出"成都商报App""悠哉"和"谈资"三大移动客户端，形成立体多元的新媒体传播矩阵。

4.1.3 构建传播体系的3个要点

搭建全媒体矩阵，最关键的是构建以内容建设为根本、先进技术为支撑、创新管理为保障的全媒体传播体系，随着全程媒体、全息媒体、全员媒体和多种媒体平台的涌现，全媒体时代需要进一步加深媒体之间的融合与发展。下面介绍构建全媒体传播体系的3个要点。

1．根本——内容建设

在生产优质内容方面，传统媒体，如新闻社的纸媒，相对于各种新媒体平台，拥有更专业化的采编人才队伍，获取信息的渠道更权威、官方。因此，我们应该始终坚持以内容建设为中心，同时推动全媒体的融合发展，构建专业化的全媒体传播体系。

2．支撑——先进技术

技术是传媒的引擎。没有技术支撑，内容就难以快速、有效、精准地到达用户。随着各种新技术的不断涌现，如人工智能、云计算、物联网、5G（Fifth Generation，第五代移动通信技术）等，媒体需要跟上时代步伐，借助新技术来传递内容。

例如，2022年1月底推出的人工智能ChatGPT（Chat Generative Pre-trained Transformer，人工智能技术驱动的自然语言处理工具）软件，促进了内容生产和创新表达，从人工写作逐渐发展到AI写作。图4-1所示为ChatGPT写作文案示例。

3．保障——管理创新

随着媒介技术日新月异的发展，媒体迭代周期日益缩短，这就要求媒体管理不断创新、以变应变。建设全媒体传播体系，需要统筹处理好传统媒体和新兴媒体、中央媒体和地方媒体、主流媒体和商业平台、大众化媒体和专业性媒体之间的关系，要不断地优化内部组织结构，打破采编部门相互分割、自成一体的局面。

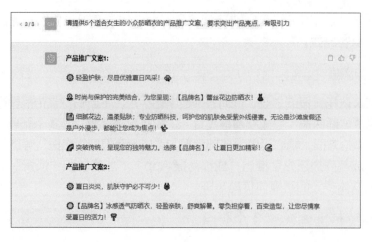

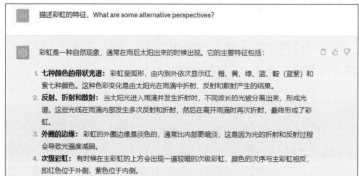

图 4-1　ChatGPT 写作文案示例

4.2　平台借助：提高管理效率

构建全媒体矩阵，通常需要同时管理多个媒体平台、运营多个账号，为了提高管理效率，我们可以借助"矩阵通"这个平台。

矩阵通是多平台数字化内容资产管理中台，面向有跨平台、多账号运营需求的企业，帮助各家企业解决在建立自己的媒体传播矩阵过程中，所面临的账号管理难度大、人员管理不灵活、内容管理不高效等难题。本节主要介绍该平台的功能。

4.2.1　平台的 5 大功能

矩阵通接入 7 大主要媒体平台，由统一中台管理抖音、快手、小红书、视频号、公众号、B 站和微博等 7 个主要媒体平台的账号，如图 4-2 所示。

矩阵通主要有 5 大功能，具体内容如下。

（1）集中管理账号。

（2）提升运营效率。

（3）洞察热门内容。

（4）查看竞品动态。

（5）监管账号安全。

矩阵通能够基于组织结构分组管理账号，支持建立多级团队，方便企业基于组织架构为每个账号分配所属团队及运营人员；还可以基于用户角色划分操作权限和数据查看权限，确保重要数据的安全。

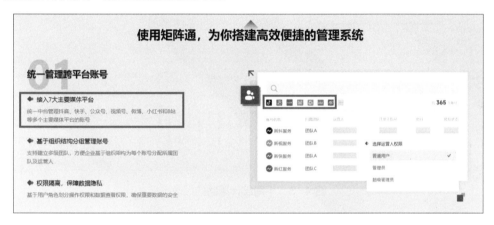

图 4-2　矩阵通统一中台管理的平台账号

4.2.2　数据分析的 3 个表现

矩阵通不仅支持跨平台管理账号，同时在矩阵通管理后台，我们还可以利用相应的工具进行数据分析，以提高多平台账号运营的效率，具体内容如下。

1．查看全平台数据

进入矩阵通管理后台，在"运营报表"页面，可以看到不同统计周期的报表，如图 4-3 所示，我们可以通过调整统计周期，查看不同时间段、不同账号、不同作品、不同平台的传播数据，系统将自动按周、月、季度生成运营报表，通过运营报表能够全面了解全平台的数据。

2．追踪任务完成情况

矩阵通会建立集团任务机制，自动追踪团队或个人的任务完成情况，实现效果监控与复盘。图 4-4 所示为"新榜"旗下的所有平台账号，如新抖服务、新视等某一月份的任务完成情况，可以看到，团队的账号达标率为 90%。

3．实时监控数据

矩阵通会实时地对数据进行监控，只要对账号的数据进行设置，在达到数据标准后，就会由新抖运营小组发送通知告知，如图 4-5 所示。

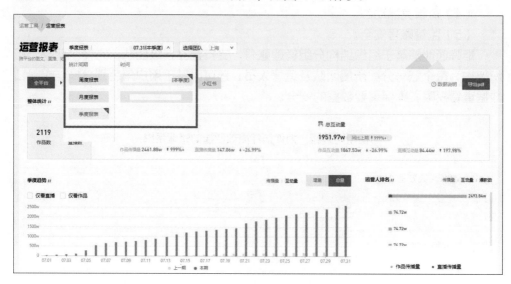

图 4-3　不同统计周期的报表

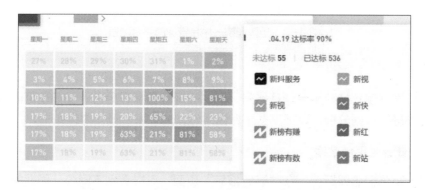

图 4-4　"新榜"旗下平台账号的任务完成情况

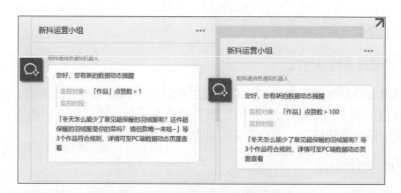

图 4-5　新抖运营小组发送通知告知

4.2.3 数据管理的 3 个工具

矩阵通还能以图表的形式，对企业的多平台账号数据进行管理，以提高团队运营能力，具体包括分析团队数据动态、场景化工具、促使团队自驱进步三类工具。

1. 分析团队数据动态

矩阵通以清晰直观的可视化图表展示了企业的账号资源分布及产能状况，也可以提供企业整体的作品传播趋势、直播运营效果、账号播放量和点赞评论数等情况，如图 4-6 所示。

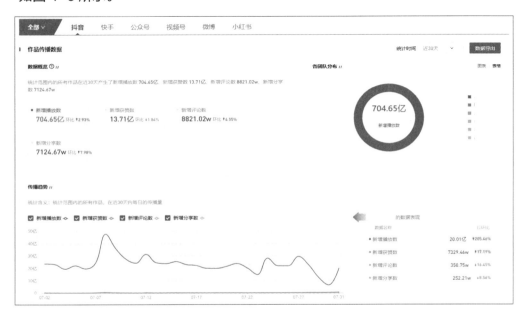

图 4-6 企业整体的作品传播数据

2. 场景化工具

场景化工具能够提高账号的管理和运营效率，主要体现在 4 个方面，即运营报表、绩效追踪、数据动态和任务派发。以运营报表和任务派发两个功能为例，为大家进行介绍。

1）运营报表

矩阵通可以直接自动按照周、月、季度生成运营报表，不需要导表进行计算。图 4-7 所示为某月度运营报表的示例图。

2）任务派发

在矩阵通平台上，运营者可以快速创建新的营销任务，并派发给各个账号，还能够在线验收结果。图 4-8 所示为任务派发的相关页面。

图 4-7　某月度运营报表的示例图

图 4-8　任务派发的相关页面

3．促使团队自驱进步

矩阵通会对企业内部所有的账号进行排名，分为账号能力榜、账号活跃榜两个榜单，如图 4-9 所示，帮助企业打造内部排行榜，配合奖惩机制促进组内良性竞争，让账号运营者都能向头部看齐。

图 4-9　账号能力榜、账号活跃榜榜单

4.2.4 洞察趋势的 3 个表现

矩阵通每日会在首页更新多个媒体平台的热点事件和爆款内容，洞察行业的内容趋势主要表现在 3 个方面，具体内容如下。

（1）为自己的创作提供灵感。

（2）进行内容传播趋势分析。

（3）查询任意关键词的传播声量，辅助内容营销。

4.2.5 竞品内容关键词的提炼

为了掌握竞品的运营情况，矩阵通会对竞品公司近期发布的全部作品进行动态实时分析，并支持按照发布时间、传播数据等条件进行筛选。

同时，矩阵通能够对竞品热议内容的关键词进行提炼，如图 4-10 所示，快速发现竞品发布的热门内容，深入分析其内容策略。

图 4-10　提炼热议内容的关键词

4.2.6 风险管理检查的 4 个类别

为了帮助运营者规避账号运营过程中存在的风险，矩阵通在企业风险监管板块上线了"矩阵体检"功能。

运营者设置好需要检测的平台、账号及规则后，矩阵通将自动检测矩阵账号是否健康运营、内容是否合规等，并反馈风险详情，轻松解决运营者的风险监管难题。具体检查的 4 个类别分别为品牌形象、企业授权、安全合规和运营表现，内容如图 4-11 所示。

图 4-11　风险管理检查的类别

4.3 团队打造：奠定管理基础

任何企业都不能没有运营部门，就好比人不能没有心脏一样，运营的重要性不言而喻。对于运营而言，除了产品，运营人员也是运营中的一大重点，特别是在进行全媒体矩阵搭建的时候，更离不开高质量的运营团队。本节介绍打造高质量运营团队的相关技巧。

4.3.1 产品的 5 类形态

无论什么企业，运营团队都是根据产品的形态来组建的，而一个产品什么时候开始运营、怎么运营，实际上是由它自己产品的形态决定的。这就要求我们在组建运营团队之前明确产品的形态，从而确定运营模式。

 专家提醒

产品的形态通常指的是产品的形式、结构、特性，以及它在市场上的定位。这包括产品的物理特性（如大小、形状、颜色、材料等）、功能特性（如它能做什么，如何使用等），以及市场定位（如目标用户群体、市场需求、竞争环境等）。对于运营团队来说，明确产品的形态至关重要，因为这决定了如何制定运营策略、如何进行市场推广、如何优化用户体验等。

对于处于互联网环境中的众多产品而言，它们都是跟随着互联网的发展共同成长起来的，而且其种类越来越偏向于精细化、丰富化，但一经概括，产品的形态便可以分为 5 大类，如图 4-12 所示。

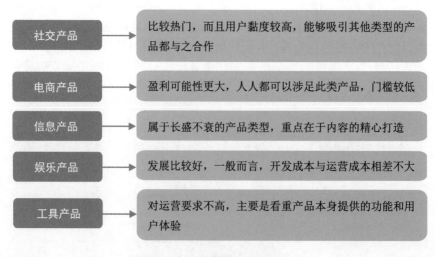

图 4-12 产品的 5 类形态

下面以能够吸引庞大资金的电商产品为例进行分析。

电商产品，可谓是最近几年非常火爆的产品类型了，随着移动互联网和移动支付方式的不断发展和普及，各大电商产品层出不穷，纷纷迎来了黄金时代。做电商产品的门槛较低，基本上人人都可以做，而且一般来说，前期验证电商产品的运营模式相对简单，成本也相对较低。

那么，电商产品的运营究竟难在哪里呢？主要是把握交易过程的流畅度，而用户在交易过程中遇到的种种问题也暴露了运营存在的缺陷，具体内容如下。

（1）用户能否找到目标产品：体现了运营人员与商家和厂家合作时的工作能力的高低。

（2）是否能帮用户作出决定：反映了运营人员在商品评论，以及晒图体系建构方面的能力。

（3）是否能让用户按时收货：体现了运营人员在物流和订单安排方面的能力高低。

此外，电商产品还可以细分为很多种类型，具体内容如图 4-13 所示。这些不同的电商产品又需要通过不同的运营技巧来经营，同时也要求运营人员具备不一样的运营能力。

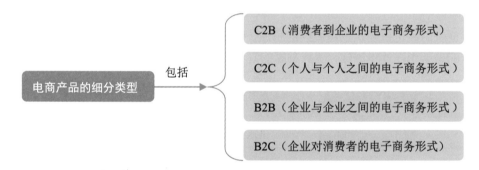

图 4-13　电商产品的细分类型

4.3.2　搭建结构的 3 大阶段

团队的组建是根据企业的具体情况而定的，有的成熟的团队已经不用考虑这方面的问题，但对于刚开始涉足运营的企业而言，虽然处于资金不足、资源有限的环境之中，但还是需要推进运营团队的建设，因为好的产品都是运营出来的。

如果企业的创始人具有良好的运营能力，那么运营问题自然会迎刃而解，可是如果企业的创始人和团队并没有掌握运营技巧，那又该怎么办呢？我们应该从了解搭建运营的结构开始做起，一步一步来。

1. 试验阶段

在试验阶段，产品还处于未投放的状态，而且也没有拉到投资。因此，这时候企业的创始团队需要做的就是，利用自己的力量来对产品进行初步的宣传和推广，之后根据数据检验产品是否受欢迎。宣传和推广的方式比较有限，总结起来有3种，具体内容如下。

（1）通过微博平台进行推广。

（2）通过微信公众号进行推广。

（3）上传至App应用商店进行推广。

如果数据结果显示产品可行性不大，就应该立刻转向其他领域；如果数据结果比较乐观，甚至一度引起用户的火热追捧，那么就可以直接进入下一阶段的运营了。

 专家提醒

值得注意的是，对目标用户进行细分和明确是这一阶段非常重要的工作，如果是互联网上的用户，就从平台的角度对他们进行分类，如微信、QQ、豆瓣、贴吧等；如果不是互联网用户，那么就应该从线下的各大角度进行突破，如上门咨询、洽谈等。

2．成长阶段

成长阶段也是团队迅速发展的阶段，有了前面对产品的试验，投资也陆续到位，运营的框架也在逐步搭建，团队发展的趋势主要体现在3个方面，如图4-14所示。

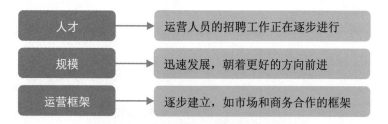

人才	运营人员的招聘工作正在逐步进行
规模	迅速发展，朝着更好的方向前进
运营框架	逐步建立，如市场和商务合作的框架

图4-14　团队发展趋势的主要体现

这时候团队必须要厘清思路，清楚自己"运营"的这个框架具体应该怎么搭建，而不是毫无头绪、一团乱麻。如果连自己都没有搞清楚要怎么搭建，以及想要达到什么样的效果，就更不要想着招聘过来的运营人员能够解决这个问题了，既然是领导者和创始团队，就应该对全局的把控比较自信。

3．壮大阶段

经历了迅速发展的时期，团队各方面的能力自然得到了很大的提升，业务方面也更加熟练。因此，这时候就偏向于数据化管理，通过对数据的观察和分析，对自己的运营能力进行省察，同时根据数据不断优化产品。随着经验的累积，运营团队的能力也会不断地得到提升，从而具备属于企业独一无二的运营技巧。

其实，在创业的初始阶段，如果产品不能顺利地推广出去，并很好地被大众接受，那么团队就应该从多个方面思考自己的问题，不能单单局限于运营这一点，阻碍产品发展的原因很多，具体内容如下。

（1）运营：运营能力不强，推广方式不恰当及招聘人员不对口等。

（2）时机不对：推出产品时遇到实力更强的竞争对手推出类似的产品等。

（3）运营框架：产品没有切合用户需求，发展模式没有命中用户痛点等。

对于运营团队的组建来说，创始人和创始团队的能力是很重要的，在一定程度上对运营团队的结构造成了影响。

如果创始人的运营能力不强，那就按部就班，通过一步一步的努力不断提升能力或者借助外部力量；如果创始人本来就具有比较出色的运营思维，那么就可以适当地简化运营团队的结构，从而更快更好地对产品进行经营和推广。

4.3.3　人员的 3 项基本能力

上面已经介绍了运营团队组建前的基础工作，接下来考虑的就是运营人员的能力问题了。到底运营人员应该具备哪些能力呢？具体来说，应该包括 3 项基本能力，具体分析如下。

1．大局运营思维

运营是整体的运营，其各组成部分的运营是不可分割的，必须从大局出发，从高处着眼，将整体考虑进去，才能让运营效果更好。内容运营作为运营的重要部分和表现媒介，更是与其他部分紧密联系。

因此，在运营团队招聘内容运营方面的人员时，必须要求其具备大局意识，培养一种大局运营思维。这样的人员才算是真正合格的运营人员。从具体的运营工作上来说，就是需要他们在编写文案时，首先要充分考虑其内容将要面向的用户群体以及计划要推送的渠道，真正地把内容运营的价值体现出来。

大局运营思维毕竟属于思维的范畴，必然包含思考的成分在里面。内容运营人员需要考虑内容、用户和渠道等众多方面，而不能只单纯针对一个角度去做一些效果不大的工作。图 4-15 所示为内容运营人员需要思考的问题。

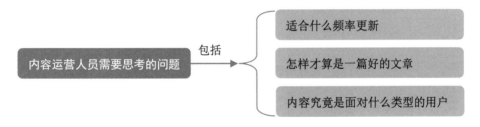

图 4-15　内容运营人员需要思考的问题

上图中的 3 个问题，看起来与单纯的文案编写这一过程没有太大关系，实际上并非如此，它们是文案编写者在编写前和整个编写过程中要思考的，甚至是写好之后需要仔细斟酌的，只有这样，内容运营这一体系才能有效激活。换句话说，它们是培养和具备大局运营思维的必要条件。

此外，我们这里谈到的大局运营思维，还需要运营人员具备全面思考、注重细节和考虑长远等方面的素质。

2．文案编写能力

说起文案能力，也许有些人会认为，这有什么好说的，不就是文笔好吗？答案真的是这样吗？其实，内容运营中的文案编写，目的是写的文案的质量能满足运营的要求，更重要的是，要针对不同的运营目的策划出相应的内容。

对于每一个单独的内容、每一篇文案而言，都要求具备比较高的质量，这种高质量体现在以下三个方面：即能打动用户、真正产生价值和真正吸引流量。

可见，文案编写必须与内容运营的整个过程结合起来，因而好的文案编写也就变得不那么简单了——需要根据运营效果来衡量。这就需要我们在编写文案时不能仅为了写而写；否则即使是再优美、再华丽的文案，也只能被搁置一旁，即使被采用了，效果也一定不会让人满意。

因此，总的来说，文案的编写不能只看文字能力本身，而是要看与运营方向的协调能力，就好比在大海上航行不只是看船的质量如何，关键是船长是否能掌控船舵的方向。

那么，针对运营而创作的文案，其文案能力的"好"究竟要体现在哪些方面呢？首先，文案的"好"的核心在于围绕用户展开，具体而言是围绕用户的思维习惯、阅读习惯和鉴赏习惯而展开的。

不仅如此，文案的内容也需要进行相应的调整，无论是什么风格，接地气还是文艺小清新，重要的是文案需要从用户需求与文案价值相结合的角度出发，具体的做法如图 4-16 所示。

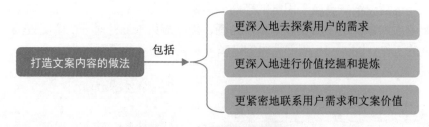

图 4-16　打造文案内容的做法

3．广博的知识和技能

无论是宏观运营思维，还是优秀的文案能力，对于内容运营人员来说都是必不可少的。而除了这两种必备的能力外，掌握其他一些与内容运营相关的辅助技能同样也是不可或缺的。

抛开内容运营的概念不谈，在一些人看来，运营人员针对的仅仅是运营。在他们的认知里，运营是完全与其他技能无关的。而作为一个专业的、真正的运营人员，除了运营方面要精进、要深入外，还需要具备广博的知识和技能，内容运营人员也是如此。究其原因，主要是由对自身的高标准要求和内容运营的价值运作原理决定的。

一方面，我们需要获得社会认可，创造自身价值，这需要掌握相应技能。从基本的物质生活需求来看，要想做好自己的工作和获得更多报酬，掌握更多的辅助技能是一个重要的因素。另一方面，从内容运营的运作原理来看，要想做好内容运营，就必须掌握更多辅助技能。内容运营的运作原理具体包含两个方面的内容，如图 4-17 所示。

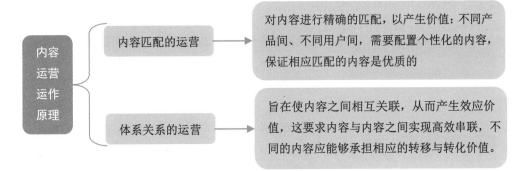

图 4-17　内容运营的运作原理解析

综上所述，我们在进行全媒体运营时，就必须干一行、爱一行，对工作涉及的各种辅助技能都掌握在手，工作起来才能得心应手，如照片后期处理、各种软件和平台的功能应用能力等，都是我们在内容运营中需要的辅助关联技能，因此不能仅仅把内容运营定位在"重复搬运信息—对内容进行排版—按时推送"上。

专家提醒

当然，在此提到的辅助关联技能，也并不是统一的。不同的公司、不同的行业，对其需求都是有差异的，我们应该在内容运营的过程中一步步去实践、去学习，如此才能将其内化为自己的技能。

4.3.4　美工编辑的 3 大类别

"编辑"这一概念从传统的出版学角度来说，是指对出版物进行后期制作的一系列工作的人。而随着互联网和移动互联网的发展，它所涉及的工作范围和人员范围有了明显扩大，所有与内容（包括各种形式的内容）直接或间接相关的工作和工作人员都被视为"编辑"。

相对于其他运营岗位来说，编辑是大家熟悉的，特别是在招聘网站上，与运营相关的编辑职位还是比较常见的，且在职责上有着明确分配和定位。

运营体系中的编辑岗位职责主要集中在平台的各种内容生产的全流程上，如策划、筛选、审核、推荐、编排、修改、加工和推广等。当然，这里的编辑主要是针对平台内容的产生和推广而言的，而关于平台和平台内容的各方面的设计和美化工作，大多都归属于编辑范畴内的"美工"这一岗位了。

美工编辑，是需要精通一个或多个使用设计软件的技术性工种，需要对平面、色彩、基调和创意等进行布局。

从其具体的工作内容来看，它主要包括 3 种类型，即平面美工、网页美工和三维美工，具体介绍如图 4-18 所示。

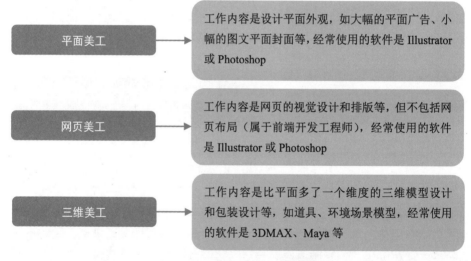

图 4-18　美工编辑的主要类别

除此之外，还有一个与网页美工有着相通之处的网店美工。不同的是，网店美工是网店的网页视觉设计，除了必要的网页设计外，它还需要相关岗位人员掌握两方面的技能，即熟悉产品的特征、用户的需求和熟悉 HTML 代码等。因而网店美工经常使用的软件也就多了，如 Photoshop、Dreamweaver、Illustrator 等。

专家提醒

需要注意的是，有时美工编辑的工作内容还会涉及前面所说的生产和推广平台内容的编辑工作。特别是在一些网站和平台上，其内容大多是以图片来展示，此时美工编辑可能会担当起内容编辑的职责。

4.3.5　广告投放的 3 大职责

广告在生活中无处不在，我们每时每刻接触的信息中都有广告的影子，如街边接到的传单、网页上弹出的广告等。那么，广告是如何投放到每个网页上去的呢？广告投放的运营人员又该完成哪些工作呢？广告投放的目的和意义是什么？

关于运营的广告投放岗位，最终的工作目的和职责要求是以较低的广告投放费用获取更多的流量和用户。从这一点出发，广告投放岗位的工作人员需要做好 3 方面的工作，这 3 方面的工作在时间上有前后承接的关系，如图 4-19 所示。

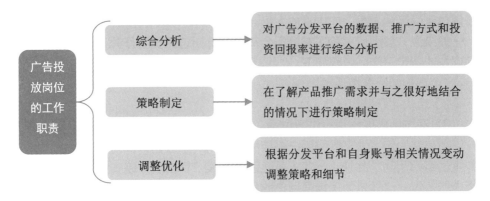

图 4-19　广告投放岗位的职责介绍

4.3.6　商铺管理的 6 大职责

在电商平台跨境发展的情况下，其他各个平台都开发了跳转至电商平台页面的功能，从而使得运营体系的线上商铺管理显得尤为重要。特别是在电商蓬勃发展的今天，电商平台的运营体系建设在运营工作中的地位也日益突出。

例如，打造女性社区的美柚 App 与淘宝共同搭建的电商平台"柚子街"，它既有效地利用了美柚的用户流量，同时又对淘宝的功能起到了一定的延伸作用。

商铺管理除了传统的电商平台的商铺管理，还包括其他平台的商铺管理，如微店等。这些商铺或是通过自身价值吸引了不少用户青睐，或是得到了有力的运营帮助，或是两者兼而有之。

其实，不管线上商铺管理的范围发生了什么变化，该岗位的职责和工作内容却没有大的改变，还是围绕着 6 个模块在运转，具体内容如下。

（1）商品品类管理：主要推荐的商品是什么；重点打造的爆款有哪些。

（2）商品上架与下架：商品什么时候上架和下架；哪些商品上架或下架。

（3）商品包装设计：商品的基础包装；商品图片和文案的设计。

（4）商品的具体推广：商品推广方案的制定；商品推广方案的实施。

（5）营销活动申请：促销活动，如"双十一""5·20"等；专题活动，聚划算、拍卖等。

（6）商铺在线客服：商品问题解答；商品售后服务。

4.3.7 群组运营的 3 种特定工作

群组主要是指由多人组成的线上群组，主要包括 QQ 群、微信群等。在企业和商家的眼中，群组中的人员是需要细心维护的忠诚粉丝。因此，进行群组运营无疑是必要的，是运营工作的重要组成部分。

当然，在现实的运营环境中，这一运营岗位一般是由其他运营岗位人员兼任的，如新媒体账号运营人员、广告投放人员。

一般来说，群组运营除了需要配合其他运营岗位人员工作外，还有三种有别于其他岗位的特定工作，内容如下。

（1）积极组织群组活动。

（2）负责活跃群组气氛。

（3）在群组内抛出话题进行讨论。

以微信群为例，为了吸引用户并持续留住用户，运营人员需要一直关注群内动态并主动组织活动。此外，运营人员还通过发表"早安""晚安"的方式努力活跃群组内的气氛。这样是为了增强用户的黏性，让他们感受到人文关怀，从而使得他们继续留在社群中为活跃度奉献一己之力。

实际上，群组运营的工作重点就在于时刻关注粉丝的动态，特别是那些黏性比较强的粉丝。运营人员在努力通过抛话题活跃群组气氛的同时，可以通过发送优惠券、送出限量名额和赠送小福利等方式达成目标，从而维系好社群，尽可能地减少用户的流失，吸引更多用户加入群组。

本章小结

本章主要向读者介绍了全媒体运营中吸粉运营的相关知识，主要包括矩阵搭建、平台借助和团队打造的相关内容。通过对本章的学习，全媒体运营者能够深入了解全媒体运营中吸粉运营的知识，从而搭建好全媒体矩阵。

课后习题

1. 根据矩阵的体量和结构，全媒体矩阵可分为哪几类？

2. 矩阵通平台的主要功能有哪些？

第5章

快速引流，构建私域流量池

学前提示

进行全媒体运营，需要运营者在庞大的平台市场中吸引流量，并将其转化到自己的私域流量池中，这样才能获得精准的流量。

本章将为大家讲解在全媒体运营过程中，快速引流的方法和技巧，从而构建私域流量池。

要点展示

- 基础类型：认识流量分类
- 引流方式：吸引活跃粉丝
- 内容营销：追求精准流量
- 搭建私域流量池

5.1 基础类型：认识流量分类

一般来说，流量主要分为两类：私域流量和公域流量。

私域流量，是相对于公域流量的一种说法，其中"私"指的是个人的、私人的、自己的意思，与公域流量的公开性相反；"域"指的是范围，即这个区域到底有多大；"流量"则是指具体的数量，如人流数、车流数或者用户访问量等，在这两点上私域流量和公域流量都是相同的。本节将为大家介绍这两种流量的相关内容。

5.1.1 公域流量

公域流量的渠道非常多，包括各种门户网站、超级 App 和新媒体平台，公域流量的具体代表平台和流量规模，如图 5-1 所示。

淘宝	淘宝通过丰富的商品吸引大量用户，2023 年第二季度月活跃用户达 8.77 亿
京东	京东为消费者提供优质的电商体验，截至 2023 年 3 月 6 日，过去 12 个月的活跃用户数为 5.805 亿
拼多多	拼多多是基于微信生态成长起来的社交电商平台，截至 2023 年 7 月，月活跃用户数达到了 6.56 亿
携程	携程在在线旅游市场发展多元化业务，2023 年总交易用户数达 1.35 亿
美团	美团为用户提供餐饮外卖、酒店预订、休闲娱乐和都市丽人等服务，2023 年第一季度月活跃用户达 6.87 亿
爱奇艺	爱奇艺是专业的网络视频播放平台，2023 年第一季度月活跃用户数量达到了 1.04 亿
百度	截至 2023 年第一季度，百度 App 平均月活跃用户数达到了 6.54 亿
搜狗输入法	搜狗输入法是一款汉字输入法工具，截至 2023 年，月活跃用户为 5.6 亿

图 5-1 公域流量的具体代表平台和流量规模

从上面这些平台的数据可以看到，这些平台都拥有亿级流量，并且都是通过流量进行产品销售的。即流量有一个共同特点，那就是流量都是属于平台的，都是公域流量。商家或个人在入驻平台后，可以通过各种免费或者付费方式来提升自己的排名、推广自己的产品，从而在平台上获得用户和成交量。

例如，歌手可以在网易云音乐上发布自己的歌曲，吸引用户试听，而用户需要通过付费充值会员才能收听完整版歌曲，歌手则可以盈利，如图 5-2 所示。

图 5-2　网易云音乐 App

我们要在公域流量平台上获得流量，就必须熟悉这些平台的运营规则，公域流量的特点如图 5-3 所示。

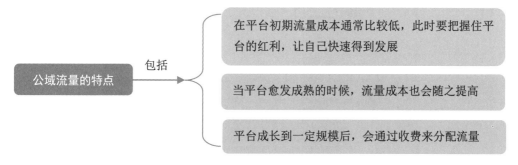

图 5-3　公域流量的特点

因此，无论你从事何种业务，都需要密切关注这些公域流量平台的动态，对于有潜力的新平台，应及时入驻，并采取合适的运营方法来收获平台红利。因为如果你在平台的成熟期进入，那么你就需要比别人付出更多努力和更高的流量成本。

对于企业来说，这些公域流量平台的流量最终都是需要付费的，你赚到的所有的钱都需要与平台分成。而对于那些有过成交记录的老顾客来说,这笔费用可能就不太值得。当然,平台对于用户数据保护得非常好,因为这是它们的核心资产,企业想要直接获取流量资源非常难。这也是大家都在积极地将公域流量转化为私域流量的原因。

5.1.2　私域流量

对于私域流量,目前还没有统一的具体定义,但私域流量有一些共同的特点,如图 5-4 所示。

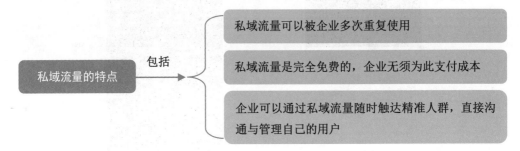

图 5-4　私域流量的特点

例如,对于微博来说,登上热门头条后被所有微博用户看到,这就是公域流量;而通过自己的动态页面,让自己的粉丝看到微博内容,这就是私域流量,又如,央视新闻的微博账号共有 1.32 亿粉丝,都属于它的私域流量,如图 5-5 所示。

图 5-5　央视新闻微博账号的首页

据悉,微博 2023 年 3 月的月活跃用户数达到 5.5 亿,平均日活跃用户数达到2.41 亿。企业和自媒体人可以通过微博来积累和经营自己的粉丝流量,摆脱平台的推荐和流量分配机制,从而更好地经营自己的资产,实现个人价值和商业价值。

对于公域流量来说,私域流量是一种弥补其缺陷的重要方式,而且很多平台还处于红利期，可以帮助企业和自媒体人补足短板。

5.2 引流方式：吸引活跃粉丝

做电商必须要有客户，否则你的产品将无人问津，那么事业肯定没有发展。因此，电商创业必须要有流量场景，才能够把自己的货卖出去。运营者可以通过短视频、直播及自媒体等方式来圈粉，然后将吸引的粉丝引流进自己的微信社群，并且积极地与粉丝互动，强化彼此的关系，将私域流量池中的粉丝变成忠实客户。

5.2.1 运营短视频

运营者可以通过优质的短视频内容实现持续吸粉，并结合自己的实际情况和自身定位，寻找合适的创业项目或者卖产品来盈利。

例如，在抖音和快手等平台上面有很多卖服装的"大V"，他们的店铺月利润甚至能达到百万元以上，而且达到这个目标也只需要半年左右的时间。这些"大V"的经营模式比较简单，通常就是"批发市场进货＋短视频引流"的模式。图5-6所示为抖音上的服装短视频截图。

图5-6　抖音上的服装短视频截图

很多人认为自己没有项目或者没有产品，因此做起来畏首畏尾，发视频也是三天打鱼两天晒网，毫无目的，这样很难取得成功。其实，大家可以多看看那些热门的视频作品，或者多关注一些同行同类型的"大V"，看看他们是怎么获得成功的，从他们身上可以学到很多成功的经验。至于产品，如今网上的产品非常多，如果你觉得不放心，也可以去批发市场或者工厂直接找货源。

短视频运营的投入非常低，资金方面基本上没有要求，只要有一部智能手机，就可以开始吸粉。但是，运营短视频最难的是需要坚持，坚持每天拍短视频，坚持和粉丝互动，这样有了流量才能更高效地盈利。

5.2.2 运营直播

如今，"直播＋短视频"早已不是新鲜玩法，做直播的平台都惦记着短视频的流量，而做短视频的也都想利用直播实现盈利。美拍、火山小视频等短视频平台都先后上线了直播功能。

做直播的首要目的是获取用户，如果没有用户，就谈不上私域流量的运营和盈利。在直播运营的过程中，一定要注意视频直播的内容规范要求，切不可逾越，以免辛苦经营的账号被封。需要注意的是，不同的平台拥有不同的视频直播规则和要求，要特别仔细地查看各平台禁止的内容。

另外，在打造直播内容、产品或相关服务时，运营者首先要切记遵守相关法律法规，只有合法的内容才能得到认可，才可以在互联网中快速传播。图 5-7 所示为直播吸粉的技巧。

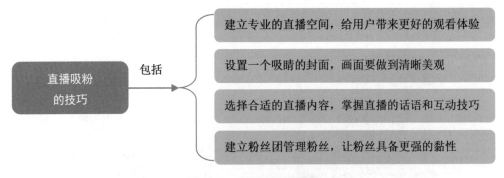

图 5-7　直播吸粉的技巧

5.2.3 运营自媒体

当社会信息化进入移动智能时代，每个人都可以成为信息的传播者，信息的发布越来越简易化、平民化、自由化，自媒体便应运而生。在自媒体传播中，我们总是因为一些消息而狂热讨论，也希望自己的发言能得到别人的关注和认同，并且在自媒体的运营中还存在非常可观的利益前景和商机，使自媒体变得炙手可热。

自媒体是一种私人化性质的传播介质，通常以个人为单位，以手机、电脑等简单工具，结合 QQ、微信、微博、贴吧和网络社区等平台就可以进行操作运营，非常简易化、自主化。

自媒体也算是生活、娱乐行业里的一个组成部分，粉丝经济在自媒体的运营中同样表现明显。自媒体运营中有两个方面能够产生直接价值，一是文章阅读流量的转化，二是自媒体提供产品服务，这两个方面都要依靠粉丝的直接价值贡献。

5.3　内容营销：追求精准流量

流量的关键在于用户，而要想吸引用户就必须从内容或产品入手，学会内容营销，这样才能获得大量的流量，从而搭建私域流量池。本节介绍内容营销的方法和注意点。

5.3.1　3个基本内容

想要较全面、完整地了解和认知内容营销，就需要知道什么是内容营销？如何正确地定义流量？精准流量和泛流量如何处理？接下来就逐一对这几个问题进行分析。

1．内容营销的含义

所谓内容营销，是指通过图片、文字、视频等形式传播相关内容信息给目标用户，以促进销售的进程，达到营销的目的的活动。其所依附的载体各有不同，如画册、网站、广告等。虽然不同载体的传播媒介不一样，但它们的内容核心是一致的。

内容营销不仅是发布广告文案那么简单，它需要我们高度重视，投入时间和精力去创作好内容，打好持久的舆论战。获得用户关注，赢得用户信任是内容营销的核心，内容是获取流量的关键，也是确定和连接目标用户的关键。

要想做好内容营销，就得让用户知道你的身份、职业，以及你能够为他提供的利益和好处，然后坚持不懈地运营下去，久而久之就会积累一大批粉丝。

在内容营销中，交易、成交的频率次数是比较低的。所以，我们要靠内容输出的频次来弥补，通过高频的内容来赢得用户的好感与信任。在如今这个消费升级的时代，内容营销逐渐成为传播的一种方式，也是企业营销的战略。

企业或个人要想做好营销，就必须利用各种社交媒体平台，在这些平台上输出优质的内容来连接用户，然后通过内容筛选用户群体，将筛选出来的精准用户引流到个人微信或微信社群，搭建私域流量池来经营用户。

例如，小米的营销模式就是基于这套方法论。现如今，小米 MIUI 的用户人数已经达到 3.1 亿，小米手机的微博粉丝达到 2800 多万，小米手机的微博首页如图 5-8 所示。这些用户和粉丝都是小米的私域流量，小米以其独特的社区粉丝文化实现了高度的用户黏性，利用粉丝的力量去宣传公司的产品和品牌。

塑造特有的粉丝文化是小米营销成功的重要原因，正如小米创始人说的那句话："因为'米粉'，所以小米。"因为有"米粉"这个巨大的私域流量池，小米才能够持续地进行盈利。

图5-8　小米手机的微博主页

综上所述，搭建私域流量池的流程主要分为3个步骤：连接用户、筛选用户和经营用户，而搭建私域流量池是内容营销的根本目的。

2．正确定义流量

当前这个互联网的商业化时代，做生意的关键在于流量，特别是精准的流量。有了流量，产品才会有销量，流量是产品销量的支撑和保证。当然，获取流量并不是最终目的，最终目的是盈利。所以，我们要通过与客户建立感情，将用户转化为精准的流量。

我们在寻找流量的过程中，一定要注重流量的精准性，也就是说，要把目光锁定在那些高度精准的流量上，由于精准流量的转化率要比普通流量的转化率高得多，只有找到精准的目标客户人群，才能做好营销，才能实现流量盈利。

3．精准流量和泛流量

精准流量相对于泛流量来说，数量较少、转化率高、价格成本贵，而泛流量虽数量多，价格便宜，但转化率很低，对于产品营销的作用不是很大。举个例子，在路边开店营业的店铺，每天从店铺前路过的人流量就相当于泛流量，而那些走进店铺来了解的人可以称之为精准流量，因为他们是有购买意向才走进店里进行了解的。

所以，我们要把重心和精力放在那些精准流量上面，可以这么说，所有的人都可以被称为流量，但是我们需要的仅仅是对产品有需求、有购买意向的精准流量。

内容营销的过程就是获取精准流量，然后用内容去转化用户，将他们从公域流量平台引流到自己的私域流量池中的过程。在内容营销的过程中，很多运营者喜欢追求阅读量、粉丝量、点赞量这种泛流量指标，实际上，这些流量的转化率很低，只有真正主动来找你并能够建立深度联系的流量才具有价值，一个精准的流量相当于几十个泛流量。

在如今快速发展的网络营销时代，泛流量的价值和作用越来越小，只有搭建好自己的私域流量池，才能利用精准流量持续不断地盈利。

5.3.2　3 个要注意的问题

我们在进行内容营销时，需要注意以下 3 个方面的问题，具体内容如图 5-9 所示。

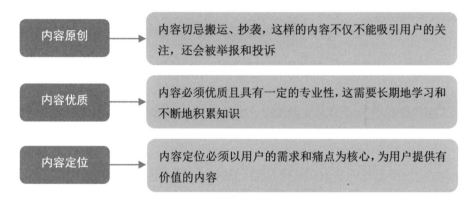

图 5-9　内容营销需要注意的问题

了解了内容营销需要注意的问题之后，想问大家一个问题：营销的内容从哪里来呢？针对这个问题，为大家总结了 4 个方面的内容。图 5-10 所示为内容来源的 4 个方面。

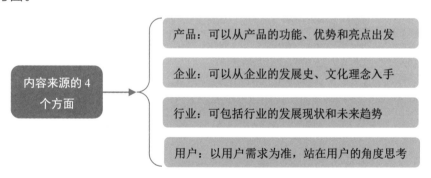

图 5-10　内容来源的 4 个方面

如果内容营销者实在不知道如何寻找内容素材，就说明你平时积累得不够，还需要不断地学习和充实自己。俗话说得好："台上一分钟，台下十年功。"只有通过不断地学习和积累，肚子里面才有货，才能源源不断地输出优质内容，真正做到输入等于输出。

5.3.3　内容之网的 3 个模块

在朋友圈发布信息时，我们要注重传播效率的提升，也就是说，要让自己的内容最大程度地被别人看到，要想做到这一点，就必须对内容进行布局，即布局内容之网。所谓内容之网，主要包括以下 3 个模块，如图 5-11 所示。

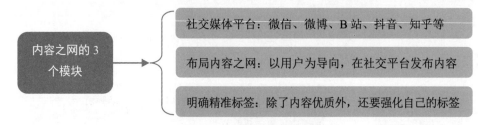

图 5-11　内容之网的 3 个模块

在内容之网的模块里，最重要的就是明确精准标签。所谓明确精准标签，也可以称之为"强化 IP 记忆点"。例如，公众号"手机摄影构图大全"的创始人构图君是一位摄影作家，这是他给自己定的标签。

为了强化自身的标签，他每天都在朋友圈和微信公众号发布有关摄影构图的技巧和作品，用丰富的内容支持和证明自己的标签。他还做了很多条 IP 记忆点，即用浓缩的内容精华、观点、金句来强化受众对他的印象和认知，这样就能极大地提高内容营销的效率。

图 5-12 所示为"手机摄影构图大全"公众号的文章列表。图 5-13 所示为"构图君"的朋友圈动态页面。

图 5-12　"手机摄影构图大全"公众号

图 5-13　构图君的朋友圈动态

总而言之，提高内容营销效果的方法就是将 IP 记忆点植入到内容中，关于 IP 记忆点的应用早在传统媒体的电视广告中就已经存在。例如"怕上火喝王老吉""充电 5 分钟，通话 2 小时"等，这些经典的广告词之所以让我们记忆犹新，就是因为它们成功地塑造了一个个 IP 记忆点。图 5-14 所示为王老吉官方微博的背景图，也就是该广告的宣传海报。

图 5-14　王老吉官方微博的背景图

5.3.4　3 个注意事项

我们在做内容营销的过程中，一定要注意以下几个事项，只有这样才有可能做好内容营销，具体内容如下。

1. 让用户主动找你

内容营销最好的效果是让客户主动来找你，而不是你去找客户，而要想达到这样的效果，就必须事先做好以下 3 点，如图 5-15 所示。

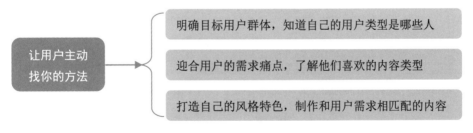

图 5-15　让用户主动找你的方法

2. 追求精准流量

做内容营销不只是发文案那么简单，不要一味地追求阅读量、推荐量和粉丝数，企业需要的是精准流量，而不是表面的泛流量，只有精准流量才能为企业带来收益和利润。

3．不触碰规则底线

在发布营销内容时，要特别注意以下两点，具体内容如下所述。

（1）内容要健康正面，要符合社会主流的思想价值观。

（2）不能违反国家相关法律法规和平台的监督规则。

5.4　搭建私域流量池

在了解流量的类型，以及私域引流的方式和内容营销方法后，最重要的是如何将公域流量池的用户转化到自己的私域流量池，只有真正地提高用户的转化率，才能搭建好并扩大私域流量池。本节将为大家介绍搭建私域流量池的具体方法。

5.4.1　提升营销效果的 3 个方法

我们在做营销推广时，只有获取精准流量才能有效地提高用户的转化率。所以，获取精准流量的过程实质上就是让用户主动联系我们的过程。

在如今这个信息泛滥的时代，人们的注意力十分有限且分散，尽管你输出的内容非常优质，有时候人们也可能很难关注到你发布的内容。所以，光有好的内容是不够的，还需要提高内容传播的效率并提升内容营销的效果。提升内容营销效果的具体做法如图 5-16 所示。

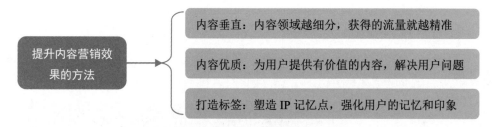

图 5-16　提升内容营销效果的方法

通过这些方法，能获取到高意向的精准流量，因为我们提供的内容符合用户的需求和痛点，这样用户就会主动联系我们进一步了解产品。

5.4.2　建立信任关系的 5 个方法

对于营销推广人员来说，取得用户的信任是完成产品销售的关键，而建立信任是一个比较缓慢的过程，人与人之间的信任是需要长期培养的。

在营销推广的过程中，如果用户愿意主动加你微信或者其他联系方式，那就说明你已经取得了用户的一部分信任，或者说他对你的内容感兴趣，你的内容符合他的需求和痛点，所以想进一步了解你的产品和服务。

对于初创企业来说，用户的信任和支持对企业的发展影响巨大。例如，小米基于 Android 系统深度优化、定制和开发的 MIUI 系统正式开启内测，开始进行第一次内测时，参与的用户只有 100 个人，小米创始人将他们称为"梦想的赞助商"。

小米公司特别拍了一部名叫《100 个梦想的赞助商》的微电影，向这最初的 100 位用户表示致敬。正是因为这些用户和粉丝对小米和 MIUI 的信任和支持，才有了小米如今的成就。

营销的关键是与用户建立信任关系，与用户建立信任关系的具体方法如图 5-17 所示。

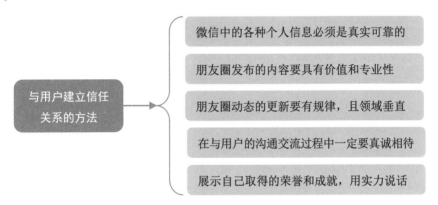

图 5-17　与用户建立信任关系的方法

5.4.3　引公域流量至私域流量池

各大主流平台都拥有上亿的流量，这些公共流量平台被称为公域流量池，而我们的任务就是要在公域流量池和私域流量池之间修建渠道，引导公域流量，引流到自己的私域流量池中。

搭建私域流量池主要分三步，第一步是用内容去连接用户；第二步是用针对性的内容对用户进行筛选，从而找到自己的目标用户群体，获得精准的流量，当然第一步和第二步可以同时进行；第三步是将筛选过的精准流量引流到个人微信号和微信群，搭建起自己的私域流量池，进而更好地经营用户，促成转化，实现流量盈利。

5.4.4　经营现有的用户

在私域流量池中，流量是我们自己的，别人一般很难获取，自己拥有很大的处置权。经营现有的用户、搭建私域流量池，可以解决用户留存问题，在很大程度上可以避免流量的损失和浪费。

在这个流量成本不断增加的时代，搭建私域流量的个人或企业不可避免要进行的营销战略转型。从商业的角度来讲，在私域流量池中经营用户可以最大程度地利用用户的价值，实现多次盈利，进而使收益和利润最大化。

5.4.5　好产品的 5 个质量标准

在产品营销中，只有为消费用户提供真正好的产品，才有可能获得他们的喜爱和青睐，从而获得不错的产品销量，占领市场份额。那么，什么样的产品才算好产品呢？其质量标准有哪些？图 5-18 所示为好产品的质量标准。

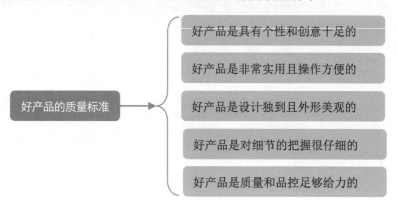

图 5-18　好产品的质量标准

例如，华为手机就是一家专注于打磨产品的企业，在产品定位上，华为手机共有 5 个系列，分别为主打高端商务旗舰的 Mate 系列、主打高端时尚与拍照的 P 系列、主打高端时尚设计的折叠屏 Pocket 系列、定位中端的 Nova 系列，以及定位中低端的畅享系列，每个系列的目标人群都不一样，从而全面攻占市场。

而且，华为手机重视产品的质量，无论是在外观设计、功能配置和细节打磨等常规方面上，还是在创新方面上，华为手机都在不断改进与精细，让人不由赞叹！

图 5-19 所示为华为 Mate 60 Pro+ 手机的产品宣传海报。

图 5-19　华为 Mate 60 Pro+ 手机的宣传海报

华为 Mate 60 Pro+ 手机是华为 Mate 60 手机的升级版本，从这款产品中我们可以了解升级型产品具有以下特点，如图 5-20 所示。

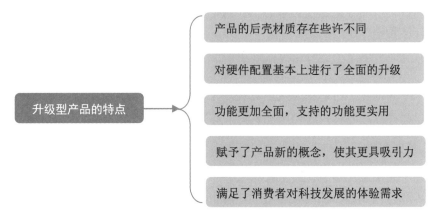

图 5-20　升级型产品的特点

对于营销来说，最重要的是要抓住用户的心，所以企业的营销思维要从为品牌代言转变为为用户代言。在这方面，农夫山泉这个品牌就做得很好，它与网易云音乐合作推出的"乐瓶"，将与音乐相关的故事写在水瓶身上，通过一个个走心的文案场景，引起受众内心的情感共鸣，它抓住了用户的心理需求，巧妙地将品牌文化和用户结合在一起。图 5-21 所示为乐瓶的外观。

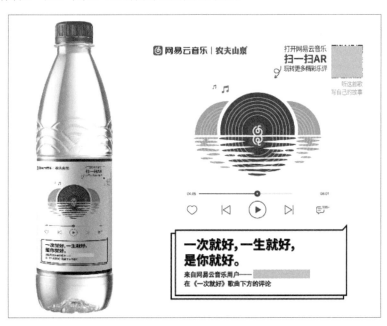

图 5-21　乐瓶的外观

如果用一个数字来代表产品，那就是 1；用一个数字来代表流量，那就是 0。没有这个 1，多少个 0 都没有意义，而有了 1 之后，后面的 0 越多越好。所以，对于营销来说，产品才是最终的核心，在做好产品的基础上去获得源源不断的精准流量，这样的营销才是成功的。

5.4.6　打造流量池的 5 个步骤

对于个人而言，打造私域流量池的方法主要分为 5 步，分别是注册养号、吸引流量、打造人设、流量转化和用户管理。接下来就为大家一一进行分析和讲解。

1．注册养号

打造个人私域流量池，首先需要注册一个微信号，然后慢慢地养号。所谓养号，就是培养账号的权重，权重会随着你注册账号的时间推移而逐渐积累。但新手小白需要特别注意，不要一开始就急于求成，进行某些违反平台规则的操作，这样会导致账号被举报封禁。

2．吸引流量

有了微信账号就相当于把私域流量池建好了，接下来要做的就是从其他平台把流量引流到个人微信号中，也就是"往池子里面蓄水"。关于引流的模式主要有 3 种，如图 5-22 所示。

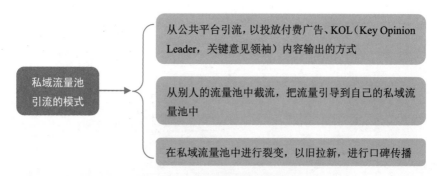

图 5-22　私域流量池引流的模式

了解了私域流量池引流的主要模式之后，接下来详细分析这几种模式，具体内容如下所述。

1）KOL 内容输出

所谓 KOL，指的是关键意见领袖，是一种营销学概念，也就是领域专家的意思。我们可以利用自己所学的专业知识，在百度贴吧、知乎、微博、B 站等公共平台上进行内容分享，回答和解决用户的问题，慢慢积累人气和粉丝。

长此以往，用户就会对你产生一种信任和佩服之感，这时候你就可以在内容中留下自己的微信联系方式，让用户主动联系你。

例如，知乎账号"手机摄影构图大全"就在主页的个人简介中，留下了自己的微信公众号进行引流，如图 5-23 所示。

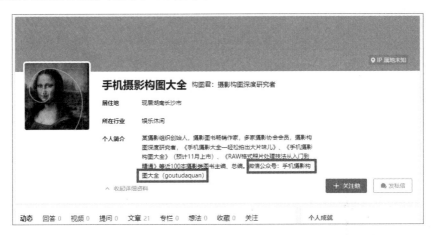

图 5-23　"手机摄影构图大全"知乎账号的个人主页

至于付费广告投放，这种方法的引流成本比较大，不适合个人操作，一般在企业的营销运营中比较常见。

2）截流

所谓截流，就是在别人的私域流量池（QQ 群或微信群）中，利用小号做掩护，获取其他用户的联系方式，然后再用自己的 QQ 号或微信号一个个去添加好友，以达到引流的目的。这种方式在同行竞争中十分常见，而且效果显著，不过在截流的过程中要小心谨慎，尽量不要被发现。

3）流量裂变

最后一种模式是流量裂变，这种引流的玩法除了需要产品本身和服务足够优质之外，还需要运营者对用户进行一些情感的维护，和用户交朋友，从而增加用户对你的信任。

这样能打动用户，使其自发地为你进行口碑传播，还会介绍新的用户给你，从而进一步扩大你的私域流量池，给你带来更多收益。

3. 打造人设

打造人设是搭建个人私域流量池过程中非常重要的一步，独特个性的人设有利于加深用户对你的印象，吸引更多用户的注意；积极正面且有突出成就和能力的人设能够增加用户对你的信任。

所以，打造好的人设对个人微信运营者来说非常重要，它不仅能加速个人 IP 或品牌的形成，也将影响后期的销售转化和用户运营管理。

4. 流量转化

我们打造私域流量池的目的是为了将流量进行转化，最终实现流量盈利。私域流量池中的用户相比公域流量来说质量是比较高的，因为在将公域流量引流到私域流量池的过程中就已经对用户进行了筛选。

而且，由于私域流量池环境的封闭性，个人运营者有足够的时间慢慢地对用户进行转化，而不用担心用户的流失，所以在一定程度上提高了用户的转化率。

5. 用户管理

要想发挥私域流量池的最大价值，实现利益的最大化，就必须要学会用户运营。管理用户，这是一个长期且系统的过程。在此基础上，对于用户的运营和管理，笔者根据自身的经验给大家提两点建议，具体内容如下。

（1）对私域流量池中的用户进行标签分类，以便根据不同的用户特征和需求进行不同的话语沟通和转化策略。

（2）多与用户进行互动，关心用户，少进行营销；和用户做朋友，获得用户的信任，维护和用户之间的感情。

5.4.7　企业和个人流量池的差异

其实，企业私域流量池的打造方法与个人的差不多，只是企业私域流量池的规模比个人的大，私域流量池的运营更加专业化、系统化。相比个人的私域流量运营而言，企业有更多的人力、物力、财力来搭建私域流量池。下面就企业私域流量池的打造来谈一谈它和个人流量池之间的差异。

首先，企业要对目标客户人群进行定位，企业只有知道目标用户群体的类型，才能在推广引流的过程中获取到精准的流量。其次，企业可以依靠其雄厚的经济实力，批量地注册个人微信号，创建微信社群和微信公众号，只有池子容量足够大，能装的水才会更多。

另外，在推广引流的方式中，企业具有个人不具备的优势，那就是企业可以进行付费广告投放，将公共平台上的流量引流到私域流量池中。图 5-24 所示为企业在微信平台上投放的品牌推广付费广告。

除了利用个人微信号、微信群、微信公众号来搭建私域流量池之外，企业还可以通过开发 App 来圈养私域流量。

例如，蜜雪冰城就是通过好友分享某些优惠活动来进行私域流量裂变的，用户在蜜雪冰城 App 看到相关优惠活动，可以直接在 App 中将活动页面链接分享给微信好友，而好友点进链接后，就会弹出活动界面，登录之后即可下单购买，这时候，这位微信好友也成了蜜雪冰城的用户之一。图 5-25 所示为蜜雪冰城 App 推广的私域流量裂变玩法示范。

图 5-24　付费广告

图 5-25　蜜雪冰城 App 推广的私域流量裂变玩法示范

本章小结

　　本章向读者介绍了在全媒体运营中如何快速引流吸粉的相关知识，主要包括基础类型、引流方式、内容营销和操作方法。通过对本章的学习，全媒体运营者能够深入理解私域流量和公域流量，并能通过合适的引流方式和内容营销策略，不断地提高用户的转化率，进而更多地吸引精准流量到自己的私域流量池中。

课后习题

1. 私域流量的特点有哪些？
2. 提升营销效果的方法有哪些？

矩阵打造

第6章

自媒体矩阵，提升个人影响力

学前提示

在这个信息爆炸的时代，个人影响力的提升成了许多人追求的目标。自媒体矩阵作为一种新型的内容传播方式，为人们提供了一个展示自我、扩大影响力的平台，如网易号、头条号、一点号等。通过建立自媒体矩阵，个人不仅能够传递自己的观点和想法，还能够与更多的人建立联系，增强自身的知名度和影响力。

本章将探讨如何建立自媒体矩阵，提升个人影响力，帮助您在这个充满竞争的世界中脱颖而出。

要点展示

- 网易号
- 头条号
- 一点号

6.1 网易号

网易号，前身为网易订阅，是一个自媒体内容分发与品牌助推平台。在网易号平台中，运营者可以享受到高效内容的分发、原创保护、现金补贴和品牌助推等一系列优惠。网易号适合新手作为起点，而网易号的运营对于搭建全媒体矩阵、实现全媒体运营来说，是非常重要的。本节就来为大家介绍网易号平台的运营技巧。

6.1.1　4 大收益模式

网易号的主要收益模式为平台分成模式，除此之外，还有平台扶持计划、线上创作活动和内容付费功能等收益模式，下面进行详细介绍。

1. 平台分成模式

平台分成模式主要参考网易号指数（包括内容的阅读量、跟贴数、分享量、点赞量等）、账号创作等级、内容原创度等多项指标综合考评来计算。

对于发布的内容的阅读量、跟帖数、分享量、点赞量等的评判标准，大家可以直观地了解。下面主要为大家来详细介绍账号创作等级和内容原创度的相关考评内容。

1）账号创作等级

网易号的账号创作等级是指运营者注册完网易号后，在该账号上进行发布、认证等操作，不断取得成长值，在达到每个等级所需的成长值之后，该账号即可升成对应的创作等级。

网易号账号创作等级共分为 5 个等级，具体表示方法为 LV.1 ~ LV.5，不同的等级拥有不同的权益，如创作收益、等级加成、原创保护、账号认证 / 加 V、互动功能等。

需要注意的是，LV.0 为新手阶段，没有收益功能。我们刚开始注册网易号时的等级就是 LV.0，该等级的获取不需要我们去发布内容，或参加其他的平台活动。

在创作等级升至 LV.1 后，自动开通创作收益功能，当日直接开通，次日开始计算。也就是说，只有创作等级到了 LV.1 后，才会开始有创作收益。而收益的数额则与账号发布的内容质量、创作等级等息息相关。

不同创作等级拥有不同的权益，运营者们可以进入易学院（网易号创作学院平台）进行查看。下面为大家介绍进入易学院平台的操作方法。

步骤 01 进入网易号首页，单击"运营指南"按钮，如图 6-1 所示。

步骤 02 进入"易学院"首页，单击"创作指南"|"创作者权益简介"按钮，即可查看创作者权益介绍和创作等级权益说明，如图 6-2 所示。

2）内容原创度

绝大部分的内容创作平台，都支持原创内容，网易号也不例外。在网易号平台，不仅支持原创保护，而且还没有举报抄袭的机制。

图 6-1 单击"运营指南"按钮

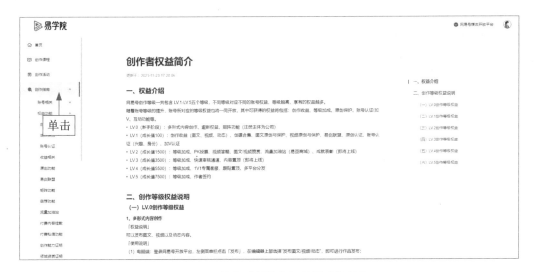

图 6-2 单击"创作者权益简介"按钮

运营者在确认自己发布的内容是原创之后，可以勾选原创内容标签，对该篇内容开启原创内容保护。

而一旦发现别人抄袭或盗用原创内容，运营者就可以在网易号的后台进行举报，只需按照提示填写原创内容的链接、抄袭内容的链接和能够证明此内容原创性的文字，即可完成举报。

所以，运营者们在发布原创内容的时候，一定要勾选原创内容标签，这样不仅有助于维权，还能增加收益。

运营者在勾选原创内容标签前，需要提前确认自己的账号及发布的内容是否满足以下要求，如图 6-3 所示。

（1）申请原创资质的账号须为LV.1及以上账号

（2）账号所发布内容没有低俗、色情、暴力、敏感等内容

（3）账号附加信息中提供的其他自媒体账号，如微信公众号、头条号，有原创标识的，有助于审核通过

（4）网易号原创资质标准高于"不抄袭"，文章逻辑清晰，有内容有观点

（5）申请原创资格的网易号，须70%以上的内容为原创，与搜索结果无重复，如有重复以搜索到的发稿时间为准

（6）账号有以下行为将不通过原创审核：

· 通篇抄袭：复制粘贴、下载后重新上传的内容

· 汇编：汇总再编辑的文章，整合并二次创作程度低的视频。如：xx作品集、xx视频锦集等，从明星微博摘录几张截图，拼凑简单几段评论式的文章等

· 未获授权使用他人作品。如：未获授权对他人作品进行文字翻译，未获授权对外国视频添加字幕、配音，未获授权的演唱会录制视频等

· 未获独家授权发布他人作品

· 营销推广的内容

· 公共内容。作品主要内容为「法律、法规，国家机关的决议、决定、命令和其他具有立法、行政、司法性质的文件及其官方正式译文、时事新闻、历法、通用数表、通用表格和公式」等内容

图 6-3　原创图文内容要求

需要注意的是，开通原创资质需要账号满足一定的条件，具体内容如下。

● 网易号账号等级在 LV.1 及以上。

● 30 天之内图文内容的发文篇数超过 10 篇。

● 质量分需达到 40 或以上。

● 无信用度扣减记录。

满足以上条件不代表可以直接获得原创功能，只是说满足上述条件后，平台会根据该账号过去 30 天内的内容发布情况对账号进行自动评估，评估账号符合标准后将为该账号开通原创资质与保护权益。

专家提醒

　　因为违反平台的规定而被封禁的账号，将无法再享受平台收益奖金，并会被取消所有历史收益（对于自媒体、公司类账号如遇封禁，平台对其向平台寄送的提取未提现收益的发票做退回处理，不予打款）。

2. 平台扶持计划

在网易号平台中，目前主要有 6 种平台扶持计划，具体内容如下。

（1）创作者加薪计划。

（2）聚星招募企划。

（3）万象主讲人活动。

（4）关键帧百万扶持计划。

（5）故事新星计划（图文）。

（6）MCN 赋能计划。

当然，以上扶持计划都有一定的参与条件，运营者可自行对照，选择适合自己的扶持计划参与。下面以"创作者加薪计划"为例，为大家介绍相关内容，帮助大家更好地理解平台的扶持政策。

"创作者加薪计划"面向的是全体网易号原创创作者，主要用来扶持图文和视频原创创作者，设立了千万元的奖金池。该扶持计划会自动发送通知给符合参与条件的网易号创作者，其具体要求如图 6-4 所示。

> 1. 网易号图文/视频各领域原创作者
>
> 2. 月总有效发布量≥6条(图文、视频分开计算)
>
> 有效内容：单条内容播放/阅读量≥100

图 6-4　参与创作者加薪计划的要求

在参与该扶持计划时，发布的内容也需要满足以下条件，如图 6-5 所示。

> 1. 所发布原创内容必须积极正面，且有一定的内容价值，不得发布敏感低俗、封建迷信、营销推广等内容；
>
> 2. 投稿内容必须原创，搬运抄袭内容一经发现，平台将对账号进行处罚，取消其参与活动资格；
>
> 3. 参与活动视频分辨率在720P以上，横竖屏不限；图文字数1000字以上
>
> 4. 活动期间内所发布的视频不可下线
>
> *本活动最终解释权归网易新闻网易号所有。

图 6-5　参与创作者加薪计划的内容需满足的条件

专家提醒

　　参与平台扶持计划的时候，一定要留意计划的参与时间范围，有的计划是一年，有的计划仅几个月，如果没有及时参与的话，该扶持计划就结束了。

3. 线上创作活动

线上创作活动主要是指网易号平台发布的各类创作活动，不同的创作活动有不同的要求。线上创作活动具体有以下 3 个优点。

（1）定向招募，有明确的创作方向和主题要求，如图 6-6 所示。

（2）参与时间较短，需要尽早创作并发布。

（3）奖金明确，按排名领取。

线上创作活动对于专注于特定领域的创作者非常友好，因为获得奖励的概率会大幅地增加，但是因为线上活动数量有限，能参与的活动也很少，有时候甚至没有，所以线上创作活动的限制较大。图 6-7 所示为创作活动相关页面。

图6-6　线上创作活动的主题要求

图6-7　创作活动相关页面

4. 内容付费功能

内容付费功能开启后，用户需要支付一定的费用才能观看网易号创作者发布的内容。目前，该付费功能还在平台内测阶段，属于平台邀请制，创作者们不能主动申请，需要账号达到一定的要求，具体内容如图 6-8 所示。

1、开通平台原创功能

2、粉丝数≥1万

3、账号近1年无违规行为

4、信用度等级为5级

5、特殊付费内容创作者需提供必要的资质证明，如财经、教育、健康等

图 6-8 开通内容付费功能的要求

6.1.2 进行身份认证

注册网易号账号之后，运营者最好进行实名认证，且在积累了一定的创作基础、成就之后，还可以进一步为账号进行身份认证，从而获得专属标识和相应特权。下面以手机版网易号为例，为大家介绍身份认证的具体操作步骤。

步骤 01 打开网易新闻 App，点击"我的"|"创作首页"按钮，如图 6-9 所示。

步骤 02 点击"身份认证"按钮，如图 6-10 所示。

图 6-9 点击"创作首页"按钮

图 6-10 点击"身份认证"按钮

步骤 03 进入"身份认证"界面，在此界面中，我们可以看到进行身份认证后的 4 个特权，分别为"流量助推""黄 V 认证""优先审核"和"活动收益"。界面下面

有 3 个身份可以去认证，以"社区达人认证"为例，点击其右侧的"去认证"按钮，如图 6-11 所示。

步骤 (04) 进入"社区达人认证"界面，在这个界面可以查看认证该身份的账号所需满足申请条件，如图 6-12 所示。若账号没有满足这些申请条件，则不能申请该身份认证。

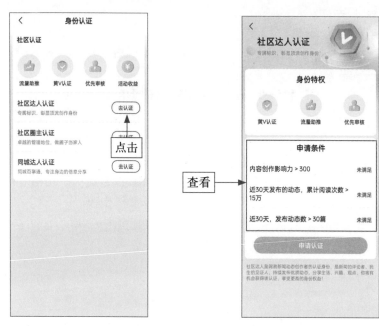

图 6-11　点击"去认证"按钮　　　图 6-12　查看认证身份的账号申请条件

6.1.3　提高账号的活跃度

要想让自己的账号获得更多的流量，首先，一定要积极与用户互动，尤其是那些在你发布的内容下留言的用户，能够在你发布的内容下面评论，说明该用户是对你的内容感兴趣，因此，要积极回复他们的评论，增强互动，以此吸引和留住这些用户。

其次，运营者们一定要多多发布内容，最好是定期发布内容，让关注你的粉丝用户能够定时查看到相关内容，可以每日都发布，也可以每隔 2 ~ 3 天再发布，提高账号的活跃度。

6.1.4　遵守平台的规则

无论在哪个平台，运营者都要遵守平台的规则，如果不慎违反了平台的规则，就很有可能面临禁言、封号等处罚。因此，在全媒体运营的过程中，要关注每一个平台的相关规则。

在网易号平台中，我们要遵守内容的发布规范，熟悉平台的违规条款。详细内容可以在易学院平台中查看，如图6-13所示。

图6-13　文章/视频发布规范和违规条例

遵守平台的规则，不仅可以避免自己的账号及内容出现违规行为，还能在一定程度上提高账号的权重和曝光率。

6.2　头条号

头条号平台用户多，流量大，重视内容的原创性。与微信公众号的分发机制不同，公众号基于用户关注进行推送，头条号除了关注推送外还有基于用户兴趣等特征的流量进来。可以说，平台作用越强，粉丝价值就越低。头条号非常适合新手起步，想要搭建全媒体矩阵，头条号必不可少。本节主要为大家介绍头条号平台的运营技巧。

6.2.1 两种登录方式

注册了头条号后,在运营过程中经常需要登录头条号来进行管理。头条号有手机端和电脑端两种登录方式,而对于使用手机号注册的用户来说,可以在电脑端通过账号密码和验证码进行登录。下面以在电脑端用账号密码登录为例进行介绍,具体操作如下。

进入"头条号"页面,输入手机号、密码和验证码信息;选中"我已阅读并同意《用户协议》和《隐私政策》"复选框;单击"登录"按钮,如图 6-14 所示,即可完成登录。

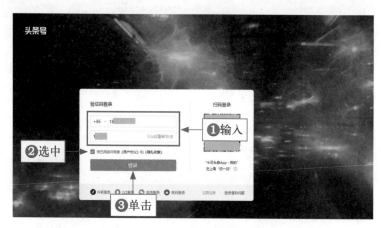

图 6-14 单击"登录"按钮

其实,除了手机号登录外,还有多种方式可以完成登录操作,图 6-14 所示的登录页面下方的抖音、QQ 和微信等都可以完成此操作。而在今日头条手机客户端,也可以通过多种方式登录。

6.2.2 遵守平台的规范

俗话说:"没有规矩,不成方圆。"今日头条的内容推送同样遵循这一原则。它是有明确的规范,不能任由账号管理者和运营者随意操作。而且,只有符合平台规范的内容,才能保证其质量并获得推广。而不符合规范的推送内容,是不能通过审核或被推荐的,甚至还可能因为严重违规而被封禁。

基于此,运营者在今日头条平台上发文时,会发现图文编辑页面右上角没有"头条号发文规范"按钮,单击该按钮进入相应页面,该页面说明了在平台上发文的格式和内容方面的规范,如图 6-15 所示,指导运营者应该怎样发文。

除此之外,在今日头条上发文还有着其他方面的规范,如扩展链接的使用规范就是其中之一。而要想让内容符合规范并获得好的推广效果,那么我们首先应该了解这些规范,并在发文过程中严格遵守。

图 6-15　头条号作者发文规范部分内容展示

6.2.3　原创功能的 3 个内容

"文章原创""视频原创"和"问答原创"是头条号为了鼓励优质原创内容的创作而设计的功能。如果头条号作者对发布的运营文章添加了原创声明，就能获得很多运营方面的优势。下面从申请条件、可申请状态和申请操作，以及开通权益方面进行介绍。

1．申请条件

申请"文章原创""视频原创"和"问答原创"功能需要满足的条件大同小异。图 6-16 所示为申请"问答原创"功能需满足的条件。

> 创作者需要加入创作者计划，并且同时满足以下条件：
>
> * 信用分为100分
> * 今日头条+西瓜视频粉丝总数满100

图 6-16　申请头条号原创的条件

2．可申请状态和基本操作

运营者可以进入电脑端头条号后台的"成长指南"|"创作权益"页面中，单击"文章原创""视频原创"或"问答原创"的按钮，申请原创权益。

如果该头条号符合相应原创功能的条件的话，即可开通原创功能，不符合申请条件的，则不会显示申请按钮。

3．开通权益

开通头条号原创功能后，"文章原创""视频原创"和"问答原创"获得的权益也差不多。图 6-17 所示为"文章原创"功能的开通权益。

- 具有「原创」标识
- 获得更多推荐与分成
- 支持站内维权

图 6-17　"文章原创"功能的开通权益

6.2.4　两种广告功能

头条号开放了两种广告运营的功能，即头条广告和自营广告，广告功能能让运营者获得实实在在的收益。下面对两种广告功能进行介绍和讲解。

1．头条广告

头条广告，顾名思义，是由头条号平台运营的广告。与自营广告的自主运营形式完全不同，头条广告是头条号创作者把广告推广的选择权委托给今日头条平台的广告形式。头条广告开通后，创作者可以在发布运营文章的时候进行广告投放，这些广告由头条号平台自动匹配。

广告投放后，平台会根据广告的展示情况实时地计算运营收益，创作者每月可提现一次。当然，运营者要绑定银行卡才可进行提现。

2．自营广告

自营广告由运营者全权自行运营，支持图片和图文两种方式，图集与视频暂不支持展示自营广告。申请自营广告功能的条件如图 6-18 所示。

功能申请

已加入创作者计划，且今日头条和西瓜视频粉丝总数满1000的作者，可在"今日头条App - 我的 - 创作中心 - 查看创作权益"，或者"电脑端头条号后台 - 成长指南 - 创作权益"中申请「自营广告」权限。

粉丝量（包含头条&西瓜）不满1000，但通过了职业认证（包含金V和黄V）的个人创作者，将自动开通权益。

图 6-18　自营广告的开通条件

6.2.5　实名认证的方法

所谓"实名认证"，就是把头条号与运营者的真实身份相绑定，以确认运营者的身份。特别是在头条号的注册流程简化之后，实名认证更是显得尤为重要。只有完成了实名认证，头条号才能开通提现、资质认证和其他的功能权限。关于实名认证的过程，具体步骤如下。

步骤 01 运营者登录今日头条 App，进入"我的"界面，点击"申请认证"按钮，即可进入"头条认证"界面，在此界面可以看到"身份认证""个人加 V 认证""组织加 V 认证""其他认证"4 个选项，在"身份认证"一栏中，点击"实名认证"右侧的"去认证"按钮，如图 6-19 所示。

步骤 02 进入"实名认证"界面，如图 6-20 所示，运营者需要在此界面填写好姓名和身份证号，填好后选中"已阅读并同意实名认证服务协议"复选框，然后点击"同意协议并认证"按钮，之后即可进行人脸认证，通过后就完成了实名认证。

图 6-19 点击"去认证"按钮

图 6-20 "实名认证"界面

6.2.6 取名的两个技巧

今日头条的标题是影响推荐量和阅读量最重要的一个因素，一个好的标题所带来的引流效果是不可估量的。在充斥着"标题党"的今日头条平台上，要想脱颖而出，就要让标题表现出十足的品质感，做一个有品质的取名高手。因此，运营者在依照平台的发文规范发表文章时，还要留心观察平台上阅读量高的文章标题。

1. 取名类型

新媒体运营中的标题种类繁多，运营头条号的运营者需要找到适合今日头条平台的标题类型。据调查，今日头条的大多数用户关注的是娱乐、八卦以及实用性的技巧和干货，运营者可以从这些方向着手研究标题的命名策略。

例如，实用性的技巧、干货方向的标题类型，运营者可以用数字式、速成式和专业式的方法取标题。

（1）数字式：让人一看见数字，就想探知数字背后的要点。

（2）速成式：让人短时间内迅速掌握技巧或知识的方法。

（3）专业式：嵌入专业性词语，传递专业价值。

2．字数长度

头条号的文章标题限制为 2 ～ 30 个字之间，运营者需要在这个字数范围内找到适合自己产品的标题。不同领域和风格的文章有不一样的审核要求，运营者可以把以往发布成功的文章做一个标题数字统计，分出阅读量低、一般、高的标题，并探索出阅读量高的标题字数的规律，然后根据这些规律进行文章试验，可以得出自己运营的文章标题在多少字数内能有比较高的阅读量。

除此之外，在头条号后台中，运营者可以在"成长指南"|"创作训练营"页面查看相关标题的创作技巧。图 6-21 所示为部分标题创作技巧的视频教学。

图 6-21　部分标题创作技巧的视频教学

6.2.7　寻找热点和关键词

今日头条的推荐量是由智能推荐引擎机制决定的，一般含有热点的文章会优先获得推荐。热点的热度越高、时效性越强，推荐量就越高，平台推荐机制具有十分鲜明的个性化。而这种个性化推荐决定着文章的曝光位置和阅读量。因此，运营者要寻找平台上的热点和关键词，以提高文章的推荐量。

今日头条上的热点每天都会进行更新，运营者可以在发布运营文章前查看平台热点，找出与要发布的文章相关联的热点词，然后根据热点词来拟定标题，并在文章中巧妙融入相应的热点元素。

关键词在标题上的作用至关重要，与热点词相比持久性更好。运营者可以从阅读量高的文章标题中抽取命中率高的词汇，将其与文章内容融合创造出包含关键词的吸引人标题。图 6-22 所示为含有"手机摄影"关键词的标题。

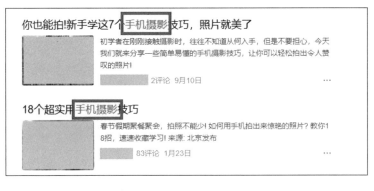

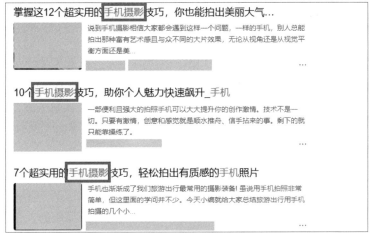

图 6-22　含有"手机摄影"关键词的标题

6.2.8　3 个注意事项

除了上面提到的 7 个运营技巧以外，还有一些在头条号平台上需要注意的事项，包括检查文章质量、了解审核规则和首发独家内容等。下面为大家进行详细的介绍。

1．检查文章质量

头条号的文章发布是由机器和人工两者共同把关的，具体流程是首先通过智能的引擎机制对内容进行关键词搜索和审核。其次，平台编辑进行人工审核，确定文章值得被推荐才会推荐。最后机器把文章推荐给可能感兴趣的用户，如果点击率高，会进一步扩大范围把文章推荐给更多具有类似兴趣的用户。

另外，文章内容的初次审核是由机器自动执行的。因此，运营者在用热点或关键词取标题时，尽量不要使用语意不明的网络用语或非常规用语，以免增加机器理解障碍。

2. 了解审核规则

根据文章发布的规范，若发布的内容涉嫌色情低俗、含有明显的广告信息、违背相关现行政策与法律法规等，将无法通过审核也不会被系统推荐。运营者一定要牢记且不能违反这些规则。

虽然发布运营内容是为了推广产品或引流吸粉，但是运营者发布广告的信息不可多于 3～5 处，更不能直接表露广告的意图和直接展示微信、QQ 等广告关键词或联系方式。

3. 首发独家内容

今日头条平台很注重首发、独家和原创的作品。"首发独家"的原创内容比"首发并不独家"的原创内容更容易被推荐，且推荐量更高。

运营者如果无法创作出纯原创的文章，也应避免抄袭其他人的文章，因为抄袭会影响内容审核和推荐的。

除此之外，运营者在头条号发的文章最好不要是已经在其他平台上发表过的旧文，以防因他人转发导致系统检测到全网出现过多相似的文章，从而无法通过审核。

6.3 一点号

一点号是一点网聚公司为在用户之间进行传播与交流内容而搭建的新媒体平台，是一个内容创作平台，它为用户提供了个性化的信息推荐服务，也为其他线上或线下媒体提供了优质的内容分发渠道。

一点号支持的账号类型很多，对于各类型账号的运营者来说是非常方便的。本节就来为大家介绍一点号的运营技巧。

6.3.1 注册一点号

运营一点号，首先需要运营者注册登录账号。一点号的注册要求比较严格，需要填写个人隐私信息，不完成登录，就不能进入一点号的首页。而一点号登录的方法有很多，下面以手机验证方式为例，为大家介绍登录一点号的操作步骤。

步骤 01 进入一点号官网，单击"登录"按钮，如图 6-23 所示。

步骤 02 执行操作后，弹出相应的对话框，切换至"验证码登录"选项，填写好手机号、验证码，单击"登录"按钮，如图 6-24 所示。

步骤 03 执行操作后，进入"入驻类型"界面，选择合适的入驻类型，以"个人"

为例，选中"个人"单选按钮；单击"下一步"按钮，如图 6-25 所示。

图 6-23 单击"登录"按钮（1）   图 6-24 单击"登录"按钮（2）

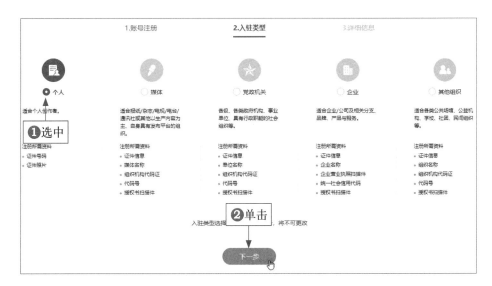

图 6-25 选择入驻类型

专家提醒

　　需要注意的是，注册登录一点号平台，需要运营者提前准备好身份证照片，因为这是必填选项，而且运营者的名字也要与该证件信息保持一致，不然就无法完成注册登录。

步骤 04 进入"详细信息"界面，在此可以看到 3 个板块的内容，分别为"账号信息""运营者信息"和"补充信息"，如图 6-26 所示。其中，"账号信息"和"运营者信息"板块中的内容大部分是必填信息，而"补充信息"板块中的内容则是选填，没有强制要求，填完信息后，单击界面下方的"提交"按钮，即可完成注册并登录账号。

图 6-26　"详细信息"页面的 3 个板块内容

6.3.2　发布原创的 3 个好处

一点号是一个优质的内容创作平台，对于原创内容会更加重视，也为原创内容提供相应的激励。所以，对于运营者来说，在该平台上面发布原创内容是非常有益处的，具体体现在 3 个方面，如图 6-27 所示。

运营一点号平台，发布原创内容是最优选择。运营者不要怀着侥幸心理去发布抄袭的作品，因为一点号平台对于抄袭行为，会进行封号、禁言、扣除信用分等处罚。即使删除了该抄袭内容，该账号的流量推荐、信用等也会被降低，就算之后一直发布原创内容，也会产生难以挽回的损失。

而且，一旦被贴上抄袭的标签，运营者就会丧失用户的信任，不利于账号品牌形象的树立。

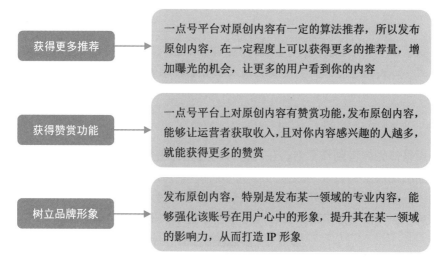

获得更多推荐	一点号平台对原创内容有一定的算法推荐，所以发布原创内容，在一定程度上可以获得更多的推荐量，增加曝光的机会，让更多的用户看到你的内容
获得赞赏功能	一点号平台上对原创内容有赞赏功能，发布原创内容，能够让运营者获取收入，且对你内容感兴趣的人越多，就能获得更多的赞赏
树立品牌形象	发布原创内容，特别是发布某一领域的专业内容，能够强化该账号在用户心中的形象，提升其在某一领域的影响力，从而打造IP形象

图6-27 一点号发布原创内容的好处

要想减少因内容原创问题产生的平台违规行为，运营者有两种做法，具体内容如下。

（1）自己制作原创内容：自己制作原创内容是最保险、最有益的做法，只要遵守平台的内容写作规则，一般很难产生原创方面的问题。

（2）取得创作者或合作者的同意：转载其他人或者与他人联合制作的内容，需要提前取得创作者或者合作者的同意，且在一点号平台上发布的时候，应在内容中准确标注转载信息的来源。

在一点号平台上发布某些内容，需要按照规定添加相应标识，其具体内容如表6-1所示。

表6-1 发布内容应添加的标识

发布内容	主要内容
发布内容涉及国内外时事、公共政策、社会事件等相关信息	（1）如果该内容为转载，应准确标注信息来源； （2）如果是自行拍摄的图片、视频，请添加"内容自行拍摄"标识，并在内容中标注拍摄时间、地点等相关信息
包含人工智能生成的内容（AIGC）	请添加"内容由AI生成"标识，避免用户混淆
转载图文、视频等	请添加"内容取材网络"标识，避免侵害原作者的合法权益
涉及虚构情节、剧情演绎	请添加"虚构情节内容"标识，避免用户误解
涉及引用旧闻旧事	应当以显著的方式标注事件发生的时间、地点等重要信息，避免误导用户

专家提醒

AIGC，英文全称为 AI-Generated Content，是新型内容生产方式的意思，主要是指利用人工智能技术来生成内容。

6.3.3　8 种禁止的推广形式

一点号作为内容创作平台，在内容导向方面有着严格的规则，运营者一定要注意，不要出现违反平台规则的行为。

而且，除了对内容发布有限制之外，一点号平台对于在内容中的推广信息也有很高的要求。有很多推广形式在一点号平台中是禁止的，具体内容如表 6-2 所示。

表 6-2　平台禁止的推广形式

推广形式	主要内容
联合推广	即不少于 2 个账号推广相同的微信、QQ、电话、网址等
图片推广	二维码及其他形式的图片推广
与内容、账号领域明显不符的推广	如：历史类内容推广财经类信息、娱乐账号推广财经类信息等
商业化推广	如：淘宝、微店和其他商业产品或业务介绍等信息
低俗推广	如："关注看福利，你懂的"和"求番号、看片"等
煽动传播的推广描述	如："不分享不是中国人""如果觉得不错的话就快快分享出去吧"等
变体推广	如：故意将"微信"写成"威信""维信"；将"QQ 群"写成"QQ 裙"，并在联系方式中加入空格等
含有详细操作步骤的推广信息	如：长按复制后到微信搜索 ×××，进行关注

除了这些推广形式之外，一点号平台还有很多其他对于违规类型的总结，运营者可以去一点号平台官网进行查看。

6.3.4　3 种认证类型

跟其他平台相似，在一点号平台上面对账号进行认证，将会得到流量扶持、优先推荐等权益。下面为大家介绍一点号平台的账号认证类型。

一点号平台对运营者的账号开放 3 种类型的认证，分别为身份认证、企业认证和兴趣认证。需要注意的是，这 3 种认证类型各自的申请条件都不一样，具体内容如表 6-3 所示。

表 6-3　一点号 3 种认证类型

认证类型	申请条件
身份认证	（1）头像清晰； （2）用户名合法； （3）绑定手机号； （4）粉丝数量≥1000； （5）入驻时的"入驻类型"选择为"个人"或者"媒体"，且审核通过； （6）申请身份认证时，该账号没有兴趣认证； （7）距离上一次"认证变更时间"已超过 30 天
企业认证	（1）头像清晰； （2）用户名合法； （3）绑定手机号； （4）入驻时的"入驻类型"选择为"企业"或者"其他组织"，且审核通过； （5）距离上一次"认证变更时间"已超过 30 天
兴趣认证	（1）头像清晰； （2）用户名合法； （3）绑定手机号； （4）30 天内，发文数≥20 篇； （5）30 天内，发文专注度≥80%； （6）粉丝数量≥500； （7）注册＞7 天； （8）入驻时的"入驻类型"选择为"个人"或者"媒体"，且审核通过； （9）申请兴趣认证时，该账号没有身份认证； （10）距离上一次"认证变更时间"已超过 30 天

本章小结

本章主要向读者介绍了自媒体矩阵的基本知识，通过对网易号、头条号和一点号 3 个自媒体平台的相关内容进行详细讲解，帮助全媒体运营者了解新闻平台的相关运营技巧，知晓新闻矩阵的相关知识，有利于全媒体运营时对新闻平台的选择。

课后习题

1. 网易号的收益模式有哪些？
2. 运营头条号，运营者们有哪些注意事项？

第 7 章

社交媒体矩阵，拉近彼此关系

学前
提示

　　在数字化时代，社交媒体已成为人们日常生活中不可或缺的一部分，它不仅是一个信息交流的平台，更是一个建立关系、拉近彼此距离的桥梁。社交媒体矩阵，作为一种高效的内容传播策略，能够将各种社交媒体平台有机整合，发挥出更大的影响力。通过精心构建的社交媒体矩阵，企业和个人可以更有效地与目标受众互动，深化关系，提升品牌忠诚度。

　　本章将探讨如何建立社交媒体矩阵，以拉近彼此关系，实现更广泛的影响和更深层次的连接。

要点
展示

- ● 微信朋友圈

- ● 微博

7.1 微信朋友圈

微信目前是我国最主要的社交平台之一，背后拥有的流量池不可估量，而且随着二维码、微信红包、微信转账等功能的不断升级，在微信平台上进行营销极具前瞻性。

除了通过私发消息进行营销外，在朋友圈中进行营销也是非常重要的。本节主要为大家介绍微信朋友圈的运营技巧。

7.1.1 设置背景图片

在每个人的微信朋友圈中，最显眼并能让人一眼就看到的是背景图片。别人浏览你的朋友圈，第一眼看到的大概率就是背景图片。因为背景图片位于朋友圈界面的最上方，占据的范围大，非常显眼，因此也是一种很好的宣传、营销工具。

图 7-1 所示为微信朋友圈中的背景图片示例。在该背景图片中，宣传了某一课程的福利活动，并写明了活动的时间和主题等内容。

图 7-1　微信朋友圈中的背景图片示例

现在的朋友圈背景图片可以放置竖图，所以图片中的内容也能得到很好的展现。在设置背景图片之前，运营者最好准备好要设置的图片，以便更换时能够方便快捷。下面为大家详细介绍设置背景图片的操作步骤。

步骤 01 打开微信 App，切换至"发现"界面，选择"朋友圈"选项，如图 7-2 所示。

步骤 02 进入朋友圈，点击背景图片，如图 7-3 所示。

图 7-2　选择"朋友圈"选项

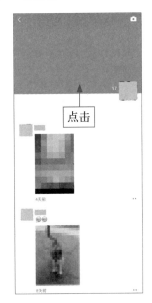

图 7-3　点击背景图片

步骤 03 执行操作后，即可显示全部的背景图片内容，点击图片右下角的"换封面"按钮，如图 7-4 所示。

步骤 04 进入相应界面，选择"从手机相册选择"选项，如图 7-5 所示。

图 7-4　点击"换封面"按钮

图 7-5　选择"从手机相册选择"选项

步骤 05 进入"图片和视频"界面，选择提前准备好的图片，即可进入裁剪界面，在此调整图片的大小和位置，使图片中最重要的内容位于界面的两条横线内，点击"确定"按钮，如图 7-6 所示。

步骤 06 执行操作后，自动跳转至朋友圈界面，在此可以看到背景图片设置成功了，如图 7-7 所示。

图 7-6　点击"确定"按钮

图 7-7　成功设置背景图片

因为背景图片的展示空间还是有限的，如果内容确实过多，可以考虑将用户引流到其他平台，例如微信公众号，这也不失为一个好办法。

7.1.2　提高存在感的 3 种方法

在微信朋友圈中，如果想要提高自己的存在感，我们就应该多与用户进行互动，让用户逐渐熟悉并记住你，主要有 3 种方法，具体如图 7-8 所示。

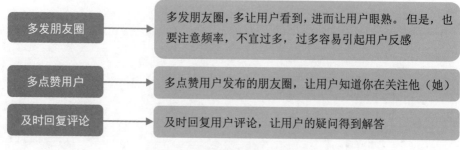

图 7-8　提高存在感的 3 种方法

专家提醒

　　需要注意的是，点赞用户的朋友圈之前，记得看一下发布的内容，不要盲目给用户点赞，因为发布的可能是一些消极的内容，用户只是想在朋友圈中发泄出来，这些就不适合点赞了。

　　例如，用户失恋了，发了一段悲伤的文字。那么，这条朋友圈我们最好不要去点赞。

7.1.3　发布朋友圈的 3 个技巧

　　朋友圈是微信好友分享信息的社交平台，它能让更多的人看到自己发布的内容。但是，发布朋友圈时，我们要注意一些技巧，如发布的内容、形式、频次等。下面就为大家一一介绍发布朋友圈的 3 个技巧。

1. 发布内容

　　运营微信朋友圈，特别是发布内容，我们首先知道要发布什么内容。所要发布的内容应从账号定位出发来确定。比如，微信公众号"手机摄影构图大全"的定位就是发布手机摄影、构图的相关知识，所以该公众号的创始人在某个人微信朋友圈中，发布的大部分内容也是手机摄影、构图的相关知识。

　　图 7-9 所示为微信公众号"手机摄影构图大全"创始人的朋友圈示例，可以看到，大部分内容跟手机摄影、构图相关。

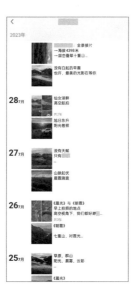

图 7-9　微信公众号"手机摄影构图大全"创始人的朋友圈示例

运营者在发布朋友圈前，选择素材的时候也有需要注意的事项，具体内容如图 7-10 所示。

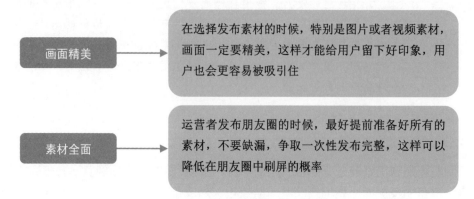

图 7-10　选择素材需要注意的事项

选择好素材之后，运营者在真正发布的时候，需要注意以下事项，具体内容如图 7-11 所示。

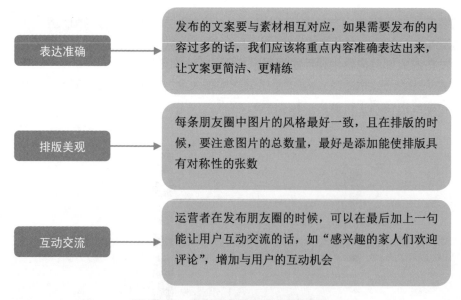

图 7-11　发布内容时需要注意的事项

2．发布形式

发布朋友圈，最好添加文案内容，即不要单纯地发布图片或者视频，而不添加任何文字内容。在此条件下，朋友圈的发布形式主要有两种，即"文字＋图片"和"文字＋视频"。

图 7-12 所示为"文字＋图片"形式的朋友圈示例。在该示例中，文案内容是产品的相关信息，而图片则是产品图及其场景图。

图 7-12 "文字＋图片"形式的朋友圈示例

图 7-13 所示为"文字＋视频"形式的朋友圈示例。在该示例中，文案内容是产品的相关信息，而视频则是产品的详细展示。

图 7-13 "文字＋视频"形式的朋友圈示例

3．发布频次

因为同一天发布的内容可能过于相似，所以运营者在发布朋友圈的时候，最好不要太过频繁，以免刷屏让用户产生反感。

理想的发布频次为一天 2 ~ 3 次，且运营者尽量在用户购买意愿较强的时间点发布，如晚上 21:00—23:00，因为这段时间正好处于用户忙碌完一天的工作之后放松休息的时间，朋友圈的动态更容易被用户注意到。

7.1.4　打造人设

在微信朋友圈中打造人设，主要指的是塑造形象，其中最重要的就是你的个人微信资料的设置。那么，如何来塑造个人微信资料的设置呢？主要有 4 方面内容，分别为微信昵称、头像、个性签名和地区。

1．微信昵称

做营销，我们首先要知道自己的营销方向，即品牌的运营方向，然后根据实际内容去设置微信昵称。比如，你是做驾培行业的，那么你的微信昵称就可以改成"自己名字或者驾校名称＋电话号码"的形式，为了让自己在用户的朋友圈中更突出，可以在昵称最前面加上字母 A。

因为微信的通讯录是根据 A 到 Z 的字母进行排序的，在微信昵称前面添加字母 A，能让用户快速找到你，如图 7-14 所示。

图 7-14　添加字母 A 的微信昵称示例

2．头像

做运营，我们最好换上比较专业的微信头像，因为除了昵称之外，头像也是用户第一眼就会注意到的内容。

那么，什么才算比较专业的头像呢？具体内容如下所述。

（1）品牌 Logo：如果是为了打造企业或者品牌的形象，运营者最好使用品牌的专属 Logo，如图 7-15 所示，这样能让用户更熟悉该品牌。

图 7-15　使用品牌 Logo 作头像的示例

（2）真人头像：大部分微信运营者使用的都是自己的真人头像，能让用户感到亲切，更有信任感。

专家提醒

需要注意的是，作为运营者，最好不要使用风景照、卡通人物等照片作头像，因为看起来既不具备专业性，也不太有亲切感。

3. 个性签名

个性签名最应该突出的是服务价值，即你能为用户提供哪些服务，在个性签名处将自己的优势表达出来，让用户看到。

当然，个性签名不需要多么华丽的辞藻，只需要将服务价值表达出来就行了，就算是简单的一句话也可以。比如，你是驾校的招生员，你的个性签名就可以这样写："学车请找我，为您提供满意的驾驶培训服务。"

4. 地区

在微信的个人信息中，地区这一信息是最容易被运营者们忽视的，但是它的作用却不容忽视。

相信在大家的微信好友列表中，有很多用户的地区都是国外，地区是可以自由选择的，大部分选国外的地区是为了显示自己的独特性。但是，作为运营者，如果你想要建立自己的品牌或者 IP 的话，就需要将其设置成真实的地址，如你居住或者最常停留的城市。特别是做本地食品方向运营的，设置真实的地址会让用户更有安全感和信任感。

7.2 微博

微博运营最注重的是价值的传递与内容的互动，正是因为这两点微博才能迅速火热起来，并以显著的运营效果创造了巨大的商业价值。利用微博进行营销，要做的第一件事就是增粉，有了粉丝才会有客户。那么，如何运营微博这个社交媒体平台呢？本节主要为大家介绍微博平台的运营技巧。

7.2.1 群聊互动的 5 种方法

微博群是为微博粉丝提供的围绕某个特定话题交流和讨论的平台，群内的成员也往往是对这一话题感兴趣的人，如果企业能定期在群内分享用户关注的内容，经常和群内的用户进行交流讨论，帮助用户解决问题，甚至成为群内的名人，那么群内的用户也会慢慢地转变成自己的粉丝。或者自己建一个群，与粉丝进行互动交流，拉近彼此之间的距离。

那么，企业应该如何利用微博群与粉丝进行互动呢？主要有 5 种方法，具体内容如下。

（1）积极耐心地与粉丝互动。在发现企业的微博评论中或他人发布的微博中出现值得回复的问题后，要根据问题的性质，采取适当的方式进行回答。

（2）发布一些幽默，有震撼力或有争议的图片、视频或短文等，通过其他用户的转发评论，来与更多的人进行互动。这种方法需要的人力和时间比较多，如果能广泛传播，其效果也是很好的。

（3）企业或机构每天在发完几条微博后，需要持续地监测粉丝们的回复，以及粉丝主动发布针对你的企业或机构的帖子，这样有助于提高互动率。

（4）通过一些测试题、有趣的小游戏来吸引粉丝参与互动。这种方法相对来说是比较稳妥，利用一类人喜欢进行星座情感测试问题小游戏的心理，进行传播宣传，达到互动营销的目的。

（5）重视原创微博的质量。在撰写原创微博时，要选择恰当的素材、轻松的表达方式、更少的商业元素，因为这种类型的微博帖子很容易引起粉丝的关注。

7.2.2 加强与粉丝的互动

进行微博互动营销，最主要的一点就是要积极与他人互动。当他人点评了你的微博后，你应与他们进行对话。企业或商家还可以利用微博组织一些具体的活动，以加强与粉丝的互动。在互动过程中，可以发掘客户或者潜在的客户，以实现产品或服务的互动营销。

企业或商家可以举办一些抽奖活动或促销活动来吸引用户的注意，进而增加与粉丝的互动。在抽奖活动中，企业或商家可以设置一些参与条件。比如，用户需按照一定的格式转发或评论相关信息才有机会中奖。图 7-16 所示为某微博账号发布的互动活动信息。

图 7-16　某微博账号发布的互动活动信息

总之，企业或商家只要不断地和粉丝保持互动，积极转发、评论粉丝发布的微博，让粉丝感觉到自己的诚意，就可以获得粉丝的信任。

7.2.3　巧妙设置广告信息

硬广告是生活中最常见的一种营销方式，它指的是人们在报纸、杂志、电视、广播、网络等媒体上看到或听到的那些为宣传产品而制作出来的纯广告。

其中，微博中的硬广告传播速度非常快，涉及的范围也比较广泛，常常以图文结合的方式出现，也常伴有视频或者链接，以下是微博硬广告的 4 大特征。

（1）形式多样。

（2）位置固定。

（3）内容鲜明。

（4）需要付费。

一般用户对各种硬广告大多有排斥的心理，因此企业在发布广告时，撰写的营销文字不要太直接，要学会将硬广告软化，把广告信息巧妙地设置在那些比较吸引人的软文里，减少用户的反感情绪。

最常见、最直接有效的微博硬广告发布形式是图文结合。除此之外，企业在优化关键词的时候，也应多利用那些热门或容易被搜索到的词条，这样可以提高用户的搜索概率。

7.2.4 公关服务的 9 个技巧

公关危机是各大企业都可能面临的重要问题。尤其是在这个"病毒式"传播信息的互联网时代，用户对产品或服务的负面评论很可能导致企业直接面临公关危机。

但是，作为一个信息共享的社区，微博的传播速度是非常快的，只要企业掌握了正确处理公关危机的技巧，就能够及时地将危机化解。

在面临公关危机时，微博、企业及一些专门解决公关危机的专业团队都可以采取相应的措施来解决公关危机。图 7-17 所示为微博的公关服务技巧。

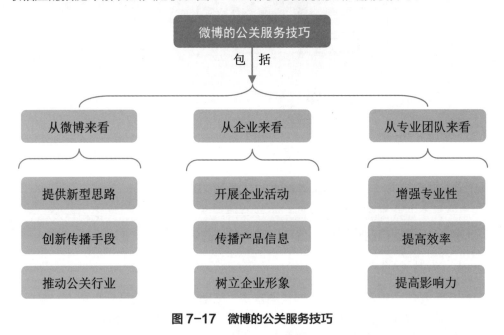

图 7-17 微博的公关服务技巧

专家提醒

微博公关是企业解决公关危机的一种新的方式，企业利用微博平台进行危机公关不仅效率高，而且影响大。企业通过回复关注者评论的方式，还可以实现与用户的互动，进一步影响舆论。

7.2.5 建立营销团队的 3 个要点

如今，微博营销已完全步入成熟阶段，但是它依然需要专业的人员才能发挥出最大的运营效果。但是，如何招纳这些人来建立微博营销团队呢？图 7-18 所示为建立微博营销团队的 3 个要点。

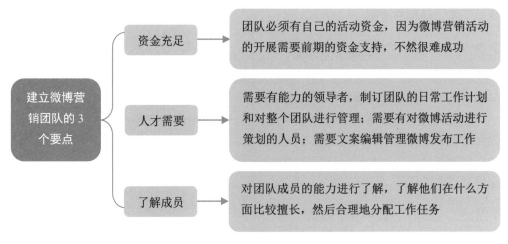

图 7-18　建立微博营销团队的 3 个要点

7.2.6　设置个人标签的 3 个规则

微博个人标签能让用户搜索的时候快速找到你，还能增加在搜索结果中排名靠前的概率。个人标签的设置是非常讲究的，是有一定规则的，运营者不能盲目地设置个人签名，不然是没什么效果的，反而会对微博的营销起到阻碍作用。

那么，微博个人标签设置有哪些规则呢？下面对微博个人标签设置的规则进行图解分析，如图 7-19 所示。

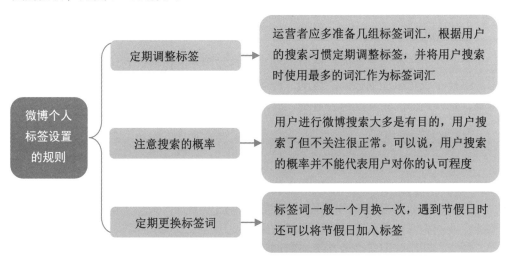

图 7-19　微博个人标签设置的规则

微博个人标签是用户搜索的入口，所以要想做好微博营销的话，企业或商家必须重视对微博个人标签的设置。值得注意的是，微博个人标签不仅要体现产品或品牌，还要方便用户搜索。

7.2.7　解决用户的相关问题

在微博平台，企业可以对用户进行实时跟踪，从而快速地了解到用户对企业产品或服务发出的质疑或请求帮助等信息。

企业还可以通过微博来回复用户的信息，解决用户的问题，避免用户因为不满而大规模地在网络上传播对企业不利的信息。

微博这个服务平台能快速解决用户的问题，有效地提高客户的满意度，并实现品牌真诚度的累积。

7.2.8　话题营销的 3 个技巧

一般来说，微博用户在打开微博之后，大多会先选择微博里的那些好玩的内容来浏览，然后再查找热门微博或者查看热门话题。因此，企业可以抓住用户的这一习惯，借势进行话题营销。借助话题营销有 3 个技巧需要注意，具体内容如下。

1．营销用户感兴趣的话题

企业在进行话题营销时，首先应该了解用户对什么话题感兴趣，然后把这个话题策划成自己营销的内容，这样用户在搜索话题时，就可以搜索到自己的内容了。一般在发微博的时候，企业可以给热门关键词加上话题符号，如＃热门关键词＃，这样就可以增加用户的搜索率了。

2．积极与用户进行互动

企业在进行微博营销时，还应该适当地转发用户的微博，对用户的微博进行留言。这样不仅可以加强彼此的互动，还可以获取更多用户的信任。你对别人的关注度高，别人对你的关注度也会更高，这就是微博营销的主要策略。

3．坚持适度原则

企业在转发别人的微博时一定要把握尺度，转发过多、留言过多、互动过多，只会让用户感到厌烦，甚至取消对你的关注。

因此，企业在进行微博营销时一定要坚持适度原则，只有把握好了尺度，才能够让企业的微博营销真正地达到预期效果。

总之，话题营销是企业在进行微博营销时采用的主要方式之一。因此，企业在进行话题营销时一定要注意选择正确的话题，只有将品牌和产品的实际情况准确地融入正确的话题之中，才能够取得话题营销的成功。

否则，会让营销内容显得格格不入，也不能让微博用户信服，这样的微博营销也就变得毫无意义了。

本章小结

　　本章主要向读者介绍了社交媒体矩阵的基本知识，通过对微信朋友圈和微博两个社交平台的内容进行详细地讲解，帮助全媒体运营者了解社交平台的相关运营技巧，知晓社交矩阵的相关知识，有利于全媒体运营者选择更合适的社交平台。

课后习题

　　1. 怎样做才能在微信朋友圈中提高存在感？

　　2. 微博个人标签设置有哪些规则？

第 8 章

图文矩阵，提高观看兴趣

学前
提示

　　图文平台具有排版精美、表达形式丰富等特点，在图文平台上，所有用户都能够更清楚明白地了解相关内容，进而提高阅读效率。

　　本章将重点讲解图文平台的运营技巧，帮助运营者增强用户对内容的观看兴趣。

要点
展示

- 微信公众号
- 百科平台
- 其他图文平台

8.1 微信公众号

全媒体矩阵包括多个类型的新媒体平台，其中最重要的平台之一就是图文平台，包括微信公众号、百科平台等。图文平台具有更舒适的阅读体验，图文结合的方式使得用户数量正在逐年增加。本节主要为大家介绍微信公众号平台的运营技巧。

8.1.1 3种公众号类型

微信每种公众号类型都有独特的功能与服务，而且运营者在选择自己的账号类型并建立成功后，账号类型就不能轻易修改了。所以，运营者在选择的时候要根据自身的需求选择合适的公众号类型。下面分别为大家介绍一下3种微信公众号的类型，以方便大家选择。

1. 服务号

微信公众号中的服务号指的是企业或者组织用来给关注者提供服务的公众号。因此，这一类型的公众号以服务为主。微信服务号只有企业或者组织才能够申请开通，个人是无法申请的。

微信服务号按照认证与否，可以分为两种类型。图8-1所示为两种微信服务号类型的功能。

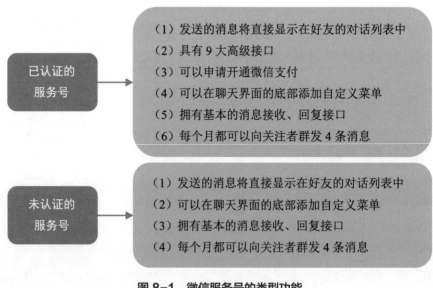

已认证的服务号
（1）发送的消息将直接显示在好友的对话列表中
（2）具有9大高级接口
（3）可以申请开通微信支付
（4）可以在聊天界面的底部添加自定义菜单
（5）拥有基本的消息接收、回复接口
（6）每个月都可以向关注者群发4条消息

未认证的服务号
（1）发送的消息将直接显示在好友的对话列表中
（2）可以在聊天界面的底部添加自定义菜单
（3）拥有基本的消息接收、回复接口
（4）每个月都可以向关注者群发4条消息

图8-1 微信服务号的类型功能

2. 订阅号

微信订阅号是媒体、个人向关注者提供信息的一种公众号。用户关注某一订阅号之后，每天都可以收到该订阅号发送的信息。订阅号使得媒体、个人能够与订阅者进行更好的沟通。

订阅号同服务号一样也分为认证订阅号和未认证订阅号两种类型，但这两种类型的订阅号功能相同，具体内容如下。

（1）发送的消息将显示在"订阅号消息"文件夹中。

（2）可以在聊天页面的底部添加自定义菜单。

（3）拥有基本的消息接收、回复接口。

（4）每天都可以向关注者群发 1 条消息。

订阅号是运营者广泛选择的一种公众号。图 8-2 所示为订阅号示例——"手机摄影构图大全"。

图 8-2　订阅号示例——"手机摄影构图大全"

3. 企业微信

企业微信（原企业号），是一种用于政府、组织、企业等单位内部的公众号，它主要用于企业内部及企业上下游之间的沟通与交流，为企业提供了更便利、更有效的管理渠道。图 8-3 所示为微信公众平台对企业微信的相关介绍。

 企业微信　原企业号
企业的专业办公管理工具。与微信一致的沟通体验，提供丰富免费的办公应用，并与微信消息、小程序、微信支付等互通，助力企业高效办公和管理。

图 8-3　微信公众平台对企业微信的相关介绍

企业微信的功能非常齐全，它能够帮助用户实现基本的交流、沟通，以及促使外界为企业微信用户提供更多有用的服务。

在我们身边，最常见到的企业微信号主要是售后工作人员的企业微信号。图 8-4 所示为联想和邮政的工作人员的企业微信号示例。

图 8-4　联想和邮政的工作人员的企业微信号示例

关于公众号类型的选择，运营者可以参考以下建议。

（1）做好全面的定位。运营者在选择公众号类型时要明确自身目标，找准方向，同时清楚想要传递信息的目标受众是怎样的，这样才能确保选择的类型是合适的。

（2）从最基础的开始。运营者在选择公众号类型时，可以考虑从最简单的公众号类型开始，慢慢积累关注者，等所有的功能都摸索透彻或者是现有功能已经无法满足运营者需求时，再选择功能更丰富的公众号类型。

（3）发挥公众号的价值。不管是选择哪一种类型的公众号，都要做到将所选的公众号的最大价值发挥出来，力求给客户提供最佳的使用体验。用户体验做好了才能让关注者长期保持关注。

8.1.2　认证的 3 个好处

一般来说，开通了微信公众号之后，接下来要做的就是进行微信公众号认证。这一点绝不可忽略。因为运营者进行微信公众号认证是很有必要的，尤其是对于那些品牌企业，这种重要性更突出。如果决定运用微信公众号进行营销，那么最好尽快完成对公众号的认证。

一般来说，进行微信公众号认证有 3 种好处，具体内容如下。

（1）让自己的公众号更具公信力，提高公众号的权威性。

（2）在信息搜索等方面对用户有积极的帮助，让自己的公众号搜索排名更靠前。

（3）认证后可获得更多的功能，为平台订阅者提供更优质的服务。

下面向大家介绍微信公众号认证的相关事项。

就目前而言，只有微信的订阅号和服务号支持认证。而且，这两种公众号对进行认证的主体是有条件和选择性的，具体来说，包括以下 4 种类型。

（1）企业（企业法人、非企业法人、个体工商、外资企业驻华代表处）。

（2）媒体（事业单位媒体、其他媒体）。

（3）政府及事业单位。

（4）其他组织。

这 4 种类型的微信公众号在进行认证时，还需要具备以下 3 个条件。

（1）账号粉丝数达到 500 及以上。

（2）需要用关联的同名已认证微博来认证。

（3）企业微信公众号认证条件，缴纳 300 元的认证服务费。

运营者在清楚了可认证的主体类型和条件之后，还需要清楚每种主体认证所需的资料，这样才可以提前将所需资料准备好，为认证节省时间。

8.1.3　内容定位的两个技巧

要想做好微信公众号运营，那就要提高对其发布的内容的创作要求。因为只有丰富的、有趣的内容才能吸引用户。因此，对于微信公众平台内容的管理，运营者一定要非常重视。

微信公众平台多以文字、图片和视频等形式表现主题。因此，要想在众多营销策略中脱颖而出，就必须把握好内容定位，具体技巧如图 8-5 所示。

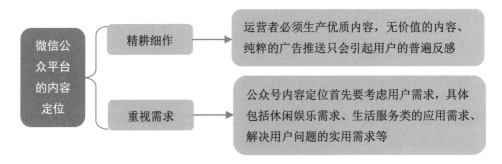

图 8-5　微信公众平台内容定位技巧

微信公众平台的内容非常重要，运营者要把握好以下两个要点。

1．有个性

说到个性化内容，这也许是运营者最难把握的一个要点。因为运营者在发布微信内容时，无论是在报道方式上，还是在内容形式上都倾向于长期保持一致性。这样才能给用户一种系统而直观的感受。

长期的个性化往往很难做到，做得不好还容易让运营者的自有体系失去平衡。但是，如果运营者想要让自己的微信公众号与他人的微信公众号区分开来，变得更加容易被用户识别，那么个性化的微信内容是必不可少的。

个性化的内容不仅可以增强用户的黏性，使其持久关注，还能让企业微信公众号从众多公众号中脱颖而出。

2．有价值

在利用微信公众号进行运营和营销的过程中，运营者一定要注意内容的价值性，这里的价值性是指符合用户需求，对用户有利、有用、有价值，微信公众号内容推出的价值性具体内容如图 8-6 所示。

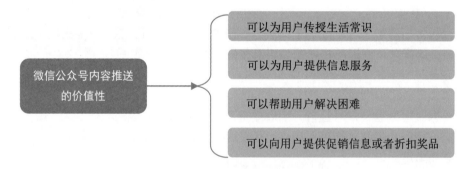

图 8-6　微信公众号内容推送的价值性

不论是哪方面的内容，只要能够帮助用户解决困难，就是好的内容。而且，只有有价值的内容，才能留住用户。

8.1.4　线上线下相结合

要想做好微信公众号运营，运营者就要灵活利用所有线上线下推广的渠道。利用 QQ、微博、百度贴吧和天涯论坛等火爆社交平台与微信的联动，来增加用户的转化率。同时，还要结合线下的活动、会展、促销等方式吸引用户的关注。

通过微信公众平台，运营者可以多策划一些有趣的、线上线下的活动来调动用户参与活动的积极性，从而拉近与用户的距离。

在微信公众号运营和营销的过程中，利用微信公众号平台进行线上线下活动策划的目的有两点，即提升粉丝参与互动的积极性和对该微信公众号平台的依赖性。

8.1.5 发挥功能价值的方法

运营者想要在微信公众平台上实现营销价值的最大化，除了提供丰富多彩的内容之外，还要充分利用微信公众平台的各种功能。对企业来说，微信公众号的主要功能有维护客户、培养粉丝、展示品牌、市场调研和促进销售等。

刚开始，企业可以设置一些基础功能，如天气查询、折扣、路况查询等。发展到后期，就可以根据粉丝的需求不断完善公众平台的功能。

对于品牌企业而言，除了提供基础功能外，还需要针对目标客户群体进行个性化的定制，如理财咨询、超市购物、照片打印等服务。

8.1.6 6个注意事项

除了上面提到微信公众号平台的5个运营技巧以外，还有一些在运营过程中需要注意的事项，了解这些注意事项能够帮助运营者少走弯路，在合法合规的界限内运营微信公众号。

1. 不乱发广告

不乱发广告就是不发与自己品牌或平台无关的广告。例如，做化妆品的企业，在推送信息时，不要夹带与化妆品主题不相关的家居广告。这些不相关的内容，在用户眼中，也就是令人心烦的垃圾广告。

运营者要避免无节制地大量发送不相关的垃圾广告，引起用户的反感，严重时甚至可能导致用户取消关注。

2. 有针对性吸粉

有些运营者可能为了追求更多的粉丝数量，在运营过程中，随意地骚扰陌生用户。其实，这种方法是不可取的。运营者要做的首先是确定自身的目标用户，进行有针对性的吸粉，否则很可能因他人举报而遭到平台封杀。

3. 操作要尽量简单

在平台上设置的各种操作，都是越简单越好。例如，菜单、回复规则等方面的内容，都要设置得简单且清楚。这样能有效地引导用户关注自身微信公众号，提升用户的体验感，降低用户的流失率。

4. 切忌诱导用户分享

不要以任何手段引诱、强迫用户分享信息或关注公众号，因为这种行为违反了平台规则。而且，在这一方面，平台官方会管理得特别严格，很多公众号就是没注意到这点而被封了号。因此，运营者要想顺利地运营下去，就要谨慎操作，遵守平台运营规则，以避免出现类似的情况发生。

5．创造沟通话题

创造沟通话题的目的与策划线上线下的活动的目的相似，都是为了提升粉丝参与互动的积极性和提高粉丝对平台的依赖性。

不同的是，创造沟通话题比策划活动明显更容易，没有什么额外的工作负担，关键在于把话题呈现在关注者面前。

6．尊重用户

在运营公众号的过程中，运营者无须刻意讨好用户，但也不能忽视对用户的尊重。因此，运营者除了要把握内容创造外，还应该注意做好平台的用户服务工作，如及时和友好地回复用户的留言、帮助用户解决相关问题等。只有尊重用户、重视用户，才能长久地留住用户。

8.2　百科平台

百科平台能够为用户提供更具可信度和权威性的内容，大部分企业可以通过在百科平台编辑公司信息，从而使用户在搜索企业相关词条时能够获取到最真实的内容，提高企业的知名度。本节主要为大家介绍百科平台的运营技巧。

8.2.1　百科词条的 3 个特性

用好百科可以使企业的运营与营销变得更有效，其中最直接的好处便是能辅助促进 SEM（Search Engine Marketing，搜索引擎营销）的优化。因为百科信息在谷歌、搜狗等搜索平台中，拥有很高的搜索排位权重。

比如说，如果用户在搜索平台中搜索企业网站时，企业的主站排在了网页中不显眼的位置，这对企业形象的树立肯定是有负面影响的，而通过百科平台编辑企业信息就能较好地解决这一问题。

百科的词条信息对 SEM 的优化，主要是因为它具有以下几点特性，具体如图 8-7 所示。

百科词条是百科平台运营与营销的主要载体，做好百科词条的编辑对新媒体运营与营销至关重要。百科平台的词条信息有多种分类，但对于企业的新媒体运营与营销而言，只有以下几种分类最重要，具体如图 8-8 所示。

例如，在百度上搜索"魔兽"，会出现与"魔兽"相关的百科词条信息。如果该词条信息排在前列，那就体现了"魔兽"百科的搜索排位权重很高。而大多数想要了解魔兽的用户，通常会进入"魔兽"词条内，这对"魔兽"的品牌传播极为有利。

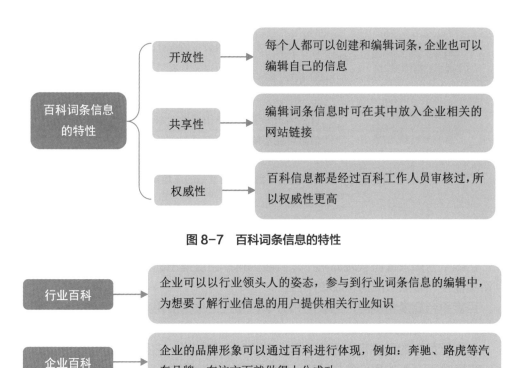

图 8-7　百科词条信息的特性

行业百科 → 企业可以以行业领头人的姿态，参与到行业词条信息的编辑中，为想要了解行业信息的用户提供相关行业知识

企业百科 → 企业的品牌形象可以通过百科进行体现，例如：奔驰、路虎等汽车品牌，在这方面就做得十分成功

特色百科 → 特色百科涉及的领域十分广阔，例如地方政府可以参与地方百科的编辑，名人、企业家可以参与自己相关词条的编辑

产品百科 → 产品百科是消费者了解产品信息的重要渠道，能激发潜在用户的消费购买欲望

图 8-8　新媒体运营与营销中的百科词条信息的主要分类

8.2.2　运营时的两个注意事项

百科通过分享知识拉近与用户的距离，其知识的权威属性和百科的审查机制为百科的运营推广提供了信任基础。所以，企业不能辜负这份信任，在编辑相关百科词条时要用心投入，用心编辑对用户有价值的词条信息。

企业进行百科平台运营时不能把它变成了纯粹的广告营销工具，必须学会加入一些有实用性，或者公益性内容以提升内容的质量和深度。

做百科平台运营与营销是一项长期的过程，不可急功近利地掺杂促销广告式的推广内容，而是要在两个方面多加注意，如图 8-9 所示，这样才能促进百科平台的运营与推广。

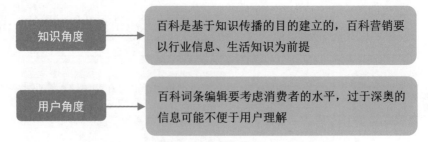

图 8-9　企业做百科平台运营与营销的注意事项

8.2.3　百度百科

下面以百度百科为例，为大家介绍百科平台的相关知识。

百科平台知识覆盖领域非常广，百度百科是百度推出的互联网百科产品，旨在创造覆盖各领域知识的信息收集平台。

百度平台高度重视用户的参与和分享，通过汇聚百度用户的智慧与力量，逐渐汇聚成一片广阔的知识交流海洋。

从官网显示的数据可以看到，截止到 2022 年年底，它已收录了 2500 多万词条，有超过 750 万的用户参与编辑，所有已知的知识领域几乎都涉及了。具体来说，主要包括艺术、科学、自然、地理、生活、社会、健康、人物、经济、体育、人文和历史等领域分类。

除了这些具体的分类外，在百度百科首页搜索栏下方的分类栏中，有一个"特色百科"标签，是百科中很有意思的地方，具体包括历史上的今天、数字博物馆、城市百科、二战百科、非遗百科等栏目。例如，单击"历史上的今天"标签，便可看到历史上的今天发生了什么事情。

百度百科丰富的知识能帮助用户扩大知识面，从而保证了百度百科的用户黏性。对企业而言，构建自己的企业词条，会具有很好的推广传播作用。

用户单击首页中的"创建词条"按钮，随后便可以进入词条创建引导页面。如果是初次创建可以选择引导来了解创建规则，资深用户则可以选择直接编写选项。

图 8-10 所示为"创建词条页"页面。创建词条用户首先要在词条名编辑文本框中输入词条名称，词条名通常是专有名词，使用正常的全称或常用名称均可。企业用户则可以选择旁边的"企业创建通道"来创建企业信息词条。

企业创建通道是为著名大企业服务的，并不适用于个体工商户、社会团体、事业单位、政府机关等部门。而要想通过企业创建通道编写企业词条，则需要填写企业信息、企业代码、联系人信息等内容。

图 8-10　百度百科"创建词条页"页面

8.2.4　360 百科

下面以 360 百科为例，为大家介绍百科平台的知识库的特点。

360 百科是由奇虎 360 公司创建，致力于"让求知更简单"的知识服务平台。360 百科与 360 搜索结合，共同构建庞大的 360 用户服务体系。

在 360 百科首页显示了醒目的"行业权威数据 全面覆盖"几个大字，搜索框下方的主题栏分类包括搜索百科、用户、任务、合作、知识商城和帮助中心等。

在"搜索百科｜百科专题"页面，有很多有趣、有料的知识专题，如"明星价值报告""智能门锁安不安全""无糖月饼有没有糖""中秋节的起源到底是什么""血小板你了解多少"等。单击某一专题，即可进入相应页面，在该页面中，用户可以查看相关的知识与内容。

360 用户登录后便可参与 360 百科词条的编辑。而在编辑前，用户首先需要搜索想要编辑的词条，如果词条没有被收录便可自行创建；如果词条已经被他人先行创建的话，用户可以选择继续编辑完善。

上面提及的 360 百科主题栏分类中有"用户"一项，这一项下方包括"精英团"和"高校帮"两项。其中，积极参与词条编辑的用户还可报名加入百科精英团。图 8-11 所示为"百科精英团"页面。

精英团成员可以享受操作特权、身份标示、定制福利等好处。不过申请加入需要满足一定的条件，具体包括：百科等级达到 4 级及以上、词条通过率大于 90%、态度积极、热爱分享、保持贡献和半年无封禁记录等。

图 8-11   360 百科的"百科精英团"页面

8.3   其他图文平台

除了上述提到的两个常用图文平台以外，还有一些针对不同类型行业所推出的小众图文平台，如果和运营者所经营的企业相匹配，在打造全媒体矩阵运营的过程中，也可以尝试在这些新媒体平台上进行账号运营。

8.3.1   图虫

图虫是一款摄影师分享交流摄影、视频作品的平台，图虫社区目前已经拥有2000 万注册用户，拥有 800 万全球摄影师资源，平台上有大量涵盖日常摄影、商业定制拍摄、品牌活动宣传、摄影直播课等多种类型的作品。

图虫创意在库图片量 4.6 亿，高清视频超 2000 万条，致力于为用户提供正版素材内容及数字资产管理解决方案。图虫创意全面整合了全球优质图片、插画、矢量图、视频等资源，支持用户通过图虫购买所需要的图片素材。具体购买步骤可以进入图虫首页，单击右上角的"立即购买"按钮，如图 8-12 所示。执行操作后，进入新页面，可以看到购买的相关流程，包括购买套餐、下载素材、下载授权书 3个步骤，如图 8-13 所示。

图虫非常适合从事摄影行业相关的运营者进行账号运营，平台中海量的图片素材、百万注册用户，都可以通过平台进行资源交流和分享，能够为摄影师创造额外收入。

图 8-12　单击"立即购买"按钮

图 8-13　素材购买的流程

8.3.2　视觉中国

视觉中国与图虫相似，也是一款提供亿级量级的高质量、专业性的图片，视频及音乐素材的图文平台，为内容生态中的生产者与使用者提供版权交易和增值服务。相对图虫而言，视觉中国摄影师签约的难度更高，对图片质量的要求也更严格。

如需要购买该平台的图片素材，可单击首页的"素材购买"按钮，在弹出客服对话框中输入自己的需求，人工客服将提供解答方案，如图 8-14 所示。

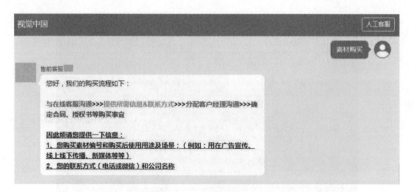

图 8-14　客服对话框

本章小结

　　本章主要向读者介绍了图文矩阵的基本知识，通过对微信公众号和百科平台两个图文平台的内容进行详细讲解，帮助全媒体运营者了解图文平台的相关运营技巧，知晓图文矩阵的相关知识，有利于全媒体运营者对图文平台进行选择。

课后习题

　　1. 微信公众平台的内容定位技巧有哪些?
　　2. 百科词条信息的特性有哪些?

第 9 章

问答矩阵，解答心中疑惑

学前提示

问答平台具有互动性、科普性、综合性的特点，在这类平台上，所有的用户都可以在提问者发出问题时提供自己的参考答案，并与其他网友进行交流讨论，因此问答平台成为企业打造全媒体矩阵的重要选择。

本章将重点讲解问答平台的运营技巧，帮助运营者更有效地解答用户的疑问。

要点展示

- 知乎平台
- 百度知道
- 百度贴吧
- 其他平台

9.1　知乎平台

知乎是一个高质量问答社区和创作者聚集的原创内容平台，在近几年的发展里，已经变成了综合性的内容平台，建立了包括社区、会员服务体系、热榜在内的一系列产品和服务，并支持图文、音频、视频等多种媒体表现形式。

企业要想提高自己的品牌知名度，知乎是一个必不可少的媒体平台。本节主要来为大家介绍知乎平台的运营技巧帮助大家有效地利用这一资源。

9.1.1　查看流量数据

知乎是主要以问答方式为主的平台，与公众号、头条号平台通过写文章获得阅读量的形式不同，运营者需要在知乎上提供高质量的回答为自己涨粉。

那么，如何查看自己所发布的回答的流量数据呢？运营者可以进入知乎的"创作中心"页面，在这里查看自己账号的创作数据，具体操作如下。

登录知乎平台，进入"创作中心"页面，如图 9-1 所示，在这里可以看到近期的数据总览，包括当前账号等级、近 7 日的阅读量、近 7 日的赞同量和粉丝总量。

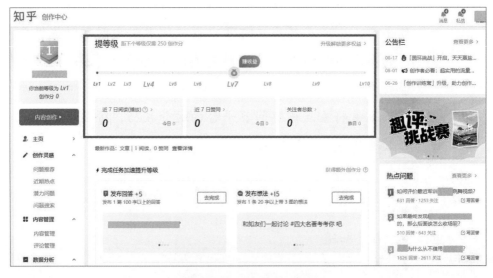

图 9-1　"创作中心"页面

往下滑动页面，可以看到提高创作分和等级的相关任务，以及赚取的收益信息（创作等级达到 7 级，才能解锁收益功能），如图 9-2 所示。完成对应任务即可获得对应的创作分，而达到一定的创作分，就能提高账号的创作等级，等级越高，所获得的权益越多，也更容易被系统推荐到用户首页，为账号引流涨粉。

往下滑动页面，还可以看到提高回答质量的教学视频，非常适合新手运营者，如图 9-3 所示。

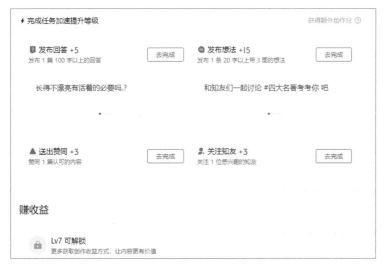

图 9-2　提高创作分的相关创作任务

图 9-3　相关的教学视频

9.1.2　两种盈利方法

知乎作为一个需要进行内容创作的平台，必然有许多内容盈利方法，这里主要为大家介绍两种常见且收益高的盈利方法。

1．好物推荐

当用户在知乎平台上搜一些问题，或者看知乎推送的内容时候，经常会发现，除了针对性的回答外，问答里面还会穿插一些商品介绍卡片。只要有人通过文章里的这个卡片购买了该商品，运营者就能获取对应的佣金。开通好物推荐需要具备的条件主要有以下 3 个。

（1）创作者等级 ≥ 3 级。

（2）过去 30 天内没有违反《知乎社区管理规定》的行为。

（3）仅限个人账号申请，不支持机构号。

满足了这3个条件之后，系统会对账号的行为和发布内容进行审核，只有账号行为无异常。发布的内容符合原创要求时才能成功开通好物推荐功能。

开通好物推荐功能后，就会进入相关的问题推荐页面。这个页面有很多商品类目的问题，选择与自己想要推广的商品相关的问题进行回答，如图9-4所示。

图9-4　相关的问题推荐页面

2．知乎盐选

知乎的盐选专栏，是一个付费专栏，服务于盐选会员，主要是通过签约盐选作者，收集"故事专栏"和"知识专栏"两大内容类型的投稿，实现内容盈利的方式。盐选作者所发布的文章，在盐选会员付费购买后，作者将获得平台的收益分成。表9-1所示为签约盐选专栏的方式。

表9-1　签约盐选专栏的方式

签约方式	签约对象	分成与收益
作者经济签	业内高人气或有高标杆作品的作者	一定保底金额＋50%分成
签约方式	签约对象	分成与收益
作品独家签	作品全版权（只签单部作品，不限作者人身自由）	50%分成

表9-2所示为签约盐选专栏的福利。

表 9-2 签约盐选专栏的福利

海量平台资源	爆款作品扶持	版权衍生开发	个人品牌建设
签约作品将作为付费回答进入首页流量池，瓜分千万级流量	头部爆款作品将获得平台推广资源及站外 KOL 推广资源	优秀作品将获得影视版权、书籍等全产业链衍生、开发商业机会	优秀作者将有机会登上年度作家榜单，获得平台荣誉勋章

9.2 百度知道

百度知道是一个搜索类的互动式知识问答分享平台，于 2005 年 6 月 21 日发布，到 2023 年为止已成立 18 年，属于百度旗下产品。利用好该平台，能够大大提高相关内容的展现量，对于企业的新媒体运营来说，是非常有益的。本节主要为大家介绍百度知道平台的使用技巧。

9.2.1 两个平台板块

进入百度知道首页，登录账号之后，在首页页面中可以看到各种各样的问题，如图 9-5 所示，运营者可以选择自己感兴趣的问题进行回答，在页面的右侧会显示"我的提问"和"我的回答"两个板块，运营者可以根据需要进入相关页面。

图 9-5 百度知道首页页面

1. 我的提问

单击"我的提问"按钮，进入"个人中心"页面，单击"我要提问"按钮，即可进入"提问"页面，可以在上方的输入框中输入问题，也可以在下方的输入框中对问题进行详细补充，如图 9-6 所示，单击"提交"按钮后，进入新的页面，在

页面下方还可以通过设置标签、修改问题、设置悬赏等方式，提高问题的精准性和
获取答案的效率。

图 9-6　在"提问"页面输入问题

在页面最下方可以看到"相似问题"板块，该板块会显示已得到解答的问题，
若问题与其相似，可直接在"相似问题"板块中找到自己想要的解答，如图 9-7
所示。

图 9-7　"相似问题"板块

2．我的回答

在首页单击"我的回答"按钮后，进入"个人中心"页面，在"内容管理"|"待
回答"选项下，即可看到 3 个板块的内容，分别为"推荐问题""活动答题"和"高

悬赏"，我们可以根据需要选择合适的问题进行回答，如图 9-8 所示。

图 9-8 "待回答"选项下的 3 的板块内容

例如，选择"高悬赏"板块，可以看到每个问题的结束位置都会显示 图标，图标右侧即为悬赏的积分数，如图 9-9 所示，运营者可以根据需要选择要回答的问题。

图 9-9 问题结束位置显示悬赏积分数

9.2.2 两种积分体系

百度知道的积分体系分为财富值和成长值两部分，随着成长值的增加可以晋级并获得更高的头衔。下面为大家详细介绍。

1. 财富值

百度知道的财富值相当于一个虚拟钱包，用户每一次作出高质量回答贡献后都可以获得对应的财富值，这些财富值可以用来悬赏、匿名提问、购买或者兑换百度商城的物品，具体用法如下。

（1）财富值最常见的用途就是用它来向专家和网友提问，用财富值增加问题的悬赏积分数，则问题会得到更多人的关注和更专业的解决方案。

（2）财富值还可以在知道商城兑换礼品，进入知道商城查看商品的剩余数量，选择合适的商品后再单击"立刻兑换"按钮，然后填写自己的收货地址，即可成功兑换礼品。

2. 成长值

成长值反映了用户在百度知道平台的贡献，同时也决定着用户在百度知道平台的等级。

运营者可通过回答问题、获得采纳、参与互动、完成任务、参加运营活动等方式来增加成长值，每种行为都会获得相应的积分奖励。表 9-3 所示为成长值的增加规则。

表 9-3　成长值的增加规则

行　为	操　作	获得成长值	财富值	备　注
回答	提交答案	+ 2		每日最多获得 30 分
	追答	+ 2		每日最多获得 10 分
	回答被点赞	+ 1		每日最多获得 30 分
	回答被采纳为最佳答案	+ 15	+ 15	回答被提问者或网友采纳为最佳答案
	快速回答（15 分钟）	+ 20	+ 20	15 分钟内回答被采纳后将获得该奖励
浏览	提问	+ 5		LV0 ~ LV5 可获得奖励，每日最多获得 5 分
	赞回答	+ 1		LV0 ~ LV5 可获得奖励，每日最多获得 10 分
任务包	每日任务	不定	不定	完成每日任务获取相应奖励
	成长任务	不定	不定	
	勋章	不定	不定	

既然有增加规则，那么成长值也会有相应的扣除规则。表 9-4 所示为成长值的扣减规则。

表 9-4　成长值的扣减规则

操　作	降低成长值	备　注
回答被删除	−3	回答内容被管理员删除
采纳被删除	−3	回答被采纳后，自己删除、管理员删除内容
提问被删除	−5	提问内容被管理员删除
删除提问	−5	自己主动删除提问
删除回答	−3	自己主动删除回答内容

9.2.3 提高采纳率的 3 种方法

在百度知道平台上，具有较高采纳率的回答能够带来的积分就越多，并且也会增加更多的财富值，要想提高回答的采纳率，有以下几种方法。

1．被评为"宝藏回答"

宝藏回答是指那些包含了回答者专业知识、经验、真诚态度的，能彻底解决提问者疑问，帮助提问者高效决策的好回答，满足要求的回答会被系统给予认证，在被认证的回答的右上角会显示认证图标，如图 9-10 所示。

图 9-10 宝藏回答及认证图标

2．被评为"精彩回答"

精彩回答是百度知道平台上质量最高的知识内容，其展现样式最华丽，在搜索中精彩回答也会得到更多的展示，从而帮助更多的人获取所需信息。

百度知道的部分管理员有推荐精彩问答的权限，当管理员认为某个回答质量非常好，就可以推荐这个被采纳的回答为"精彩回答"。精彩回答的贡献者会得到额外的 10 点财富值作为奖励。

3．被评为"网友推荐答案"

网友推荐答案是由高级知道网友（百度知道等级高于 11 级）推荐的质量较好的回答，其回答者会获得 10 点经验值与 10 点财富值的奖励，此奖励可与最佳答案的奖励叠加。

9.2.4 身份认证的两种特权

在百度知道平台上，可以申请身份认证，获得身份认证能提高回答的采纳率，并且额外拥有其他特权，具体内容如下。

1. 展示特权

认证用户会在个人用户名或头像旁显示认证标识，在其提问、回答及个人中心页面均会显示。例如，将鼠标放在某回答者头像处，能够看到该认证用户的简介，如图 9-11 所示，认证标识能在一定程度上提高提问者对回答者的信任度。

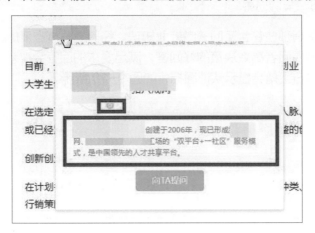

图 9-11　认证用户的简介

2. 邀请特权

认证用户拥有邀请好友进行认证的权限，好友成功认证后会获得相应的财富值等奖励，同时好友也将获得对应的认证特权。那么，该如何认证用户呢？具体操作步骤如下。

步骤 01 进入"百度知道"首页，单击"用户"选项，在弹出的列表框中单击"认证用户"选项，如图 9-12 所示。

图 9-12　单击"认证用户"选项

步骤 02 进入"百家号"页面，单击"账号权益"|"百家号设置"选项，如图 9-13 所示。

图 9-13 单击"百家号设置"选项

步骤 03 在弹出的页面中单击"领域"选项右侧的"去认证"按钮，如图 9-14 所示，然后选择合适的领域进行认证即可。

图 9-14 单击"去认证"按钮

9.2.5 3 种问题回答技巧

想要提高回答的质量，最主要的是完善自己的回答内容，提高原创能力，而这需要运营者掌握一些撰写回答的技巧，具体内容如下。

1. 语言好读易读

使用与主题强相关的图片、条理清晰的表格，让信息展示更生动；恰当地使用分段小标题、空行、重点加粗等方式，让回答的逻辑结构更突出；另外，可以开门见山地给出答案，别绕弯子，大胆舍弃与问题不直接相关的内容。下面为大家举两个例子，来感受一下宝藏回答的要义。

图 9-15 所示为条理十分清晰的回答。作者开篇直接介绍了名词的概念，并分别列出多个步骤提供解决方案，还在每个方法之间用小标题隔开，这有利于阅读者抓住重点。

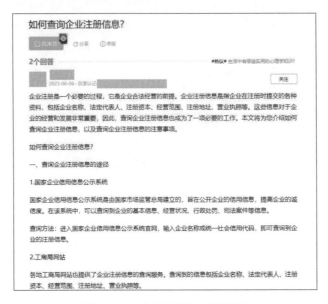

图 9-15　条理十分清晰的回答

2．结合经历答题

让别人束手无策的难题、困境，可能你做过、经历过，再解决这种问题就格外得心应手。在回答中毫无保留地分享你的经验、真心实意地描述你的经历，那么你的回答就会显得更具实用性和说服力。

3．彻底解决问题

彻底地解决问题，需要考虑到提问者的需求，然后给出清晰的操作步骤及详尽的解答思路，不能话说一半，只告诉方法，不说明操作步骤。

图 9-16 所示为能彻底解决问题的回答示例。这个回答不仅给出了详细步骤，并且还有配图说明，能让提问者更好地明白如何去操作。

同时，在写回答时我们也可以提供一个充分全面的决策参考。比如，全面的推荐、深度的分析、高效的类比，如果提问者看完你的回答，不需要再查看其他任何信息就能完全解决该问题，就算是成功的。

图 9-17 所示为知识科普类的回答示例。这种类型的回答需要回答者有扎实的知识基础来有效解答问题，该回答者不仅条理清晰地分点写明其含义，还对一些难

懂的知识辅以图片进行讲解，能够提升提问者的阅读体验。

图 9-16　能彻底解决问题的回答示例

图 9-17　知识科普类的回答示例

9.3　百度贴吧

　　百度贴吧上线时间为 2003 年，它是一种基于关键词的主题交流社区，把一群对同一个话题感兴趣的网友聚集在一个"吧"里（相当于在一个话题讨论组里进行交流），能够让人快速地找到志同道合的朋友。

　　贴吧内容涵盖了多种类型的话题，包括但不限于自然、社会、科学、法治、人文、历史等，为用户提供了一个交流兴趣的平台，并通过发帖的形式进行互动交流。截至 2023 年 5 月，已经有 2350 多万个因兴趣创立的贴吧。本节主要为大家介绍百度贴吧的使用技巧。

9.3.1　找感兴趣贴吧的方法

　　进入百度贴吧首页，在左侧的板块中可以看到贴吧的分类，如图 9-18 所示，而右侧是一些热门贴吧推荐，可以看到，近期关注人数比较多的热门吧都是一些游戏类的贴吧，诸如 LOL（League of Legends，英雄联盟）、原神、王者荣耀等。

图 9-18　贴吧分类

　　作为中小型企业，可以多关注与自己企业文化相似的兴趣贴吧，关注吧友最近讨论的话题，参与网友们的讨论，从而顺带推广宣传自己企业的品牌。

　　例如，企业品牌属于旅行一类，可以在贴吧首页将鼠标移至板块中的"生活家"标签，此时页面上会显示相关的贴吧推荐，如图 9-19 所示。

　　若右侧没有我们想要的贴吧类型，可以选中感兴趣的标签，如"旅行"标签，如图 9-20 所示，进入新的页面，在该页面我们可以选择与旅行相关的贴吧。

　　例如，想要关注"旅行吧"，可以单击"旅行吧"按钮，进入"旅行吧"页面，如图 9-21 所示，可以看到吧友们发的帖子，单击主页的"关注"按钮，即可关注该贴吧。

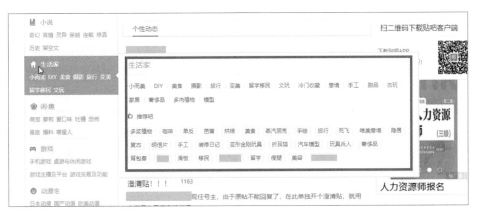

图 9-19　"生活家"标签的相关贴吧推荐

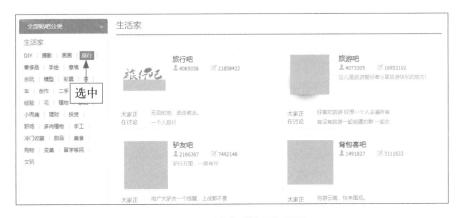

图 9-20　选中"旅行"标签

图 9-21　进入"旅行吧"页面

9.3.2　与网友互动的方法

贴吧内会有很多帖子，网友可以通过发帖的方式和其他人进行交流讨论，也可以借助发帖进行提问求助，贴吧作为一个问答平台，也是借助网友之间的互动交流解决问题的。

企业在运营贴吧账号时，可以在逛贴吧的过程中，通过回复别人的帖子来推广自己的品牌。那么，该如何查看别人的帖子并进行回复呢？具体操作如下。

例如，运营者进入"旅行吧"后，可以滑动鼠标浏览相关帖子，遇到感兴趣的帖子后，选择该帖子，如图9-22所示，进入讨论的页面。

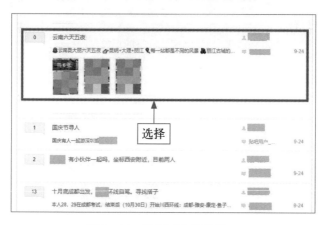

图9-22　选择感兴趣的帖子

进入讨论页面后，即可看到发帖内容，如图9-23所示，第一楼的楼主即为该帖子的发帖人，楼主通过发帖进行求助。

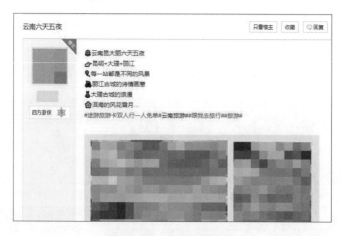

图9-23　楼主发帖内容

运营者可以滑动鼠标至页面底部的"发表回复"板块，如图9-24所示，在输入框中输入回复，回复中可以插入图片、视频、表情等，在编辑完内容后，单击"发表"按钮，即可回复楼主的帖子。

图 9-24 "发表回复"板块

如果自己也想发帖，可以返回至"旅行吧"主页，滑动鼠标至页面底部，可以看到"发表新帖"板块，如图 9-25 所示，填写好帖子的标题和内容后单击"发表"按钮，即可发表新贴。

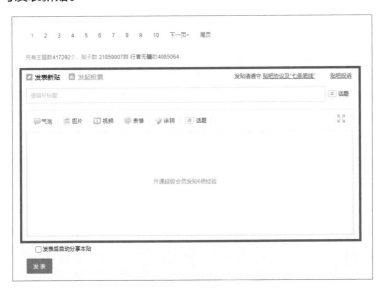

图 9-25 "发表新帖"板块

若想要发起投票，可以切换至右侧的"发起投票"板块，随后跳转至投票信息填写页面，如图 9-26 所示，在该页面填写好标题、投票选项等信息，单击"发起投票"按钮，即可发起投票。

图 9-26　投票信息填写页面

专家提醒

　　需要注意的是，在贴吧发起投票需满足账号在该贴吧获得 3 级及以上头衔或者开通会员的条件，账号等级越高享有的特权越多，提升等级的方式将在下面进行讲述。

9.3.3　提升等级的方式

　　提升贴吧等级，有助于运营者在贴吧结交更多志同道合的朋友，享受更贴心、更强大的功能服务，扩大账号的影响力。越高的等级头衔，在对应的贴吧中将获得越多的等级特权。图 9-27 所示为不同等级对应享有的特权表。

等级与特权一览表

特权	未头衔	⭐	⭐	⭐	⭐	⭐	⭐	⭐	⭐	🔟	1⃣1⃣	1⃣2⃣	1⃣3⃣	1⃣4⃣	1⃣5⃣	👑	👑	👑
等级头衔	✕	✓	✓	✓	✓	✓	✓	✓	✓	✓	✓	✓	✓	✓	✓	✓	✓	✓
免验证码	✕	✓	✓	✓	✓	✓	✓	✓	✓	✓	✓	✓	✓	✓	✓	✓	✓	✓
投诉优先处理	✕	✓	✓	✓	✓	✓	✓	✓	✓	✓	✓	✓	✓	✓	✓	✓	✓	✓
插入音乐	✕	✕	✓	✓	✓	✓	✓	✓	✓	✓	✓	✓	✓	✓	✓	✓	✓	✓
插入视频	✕	✕	✓	✓	✓	✓	✓	✓	✓	✓	✓	✓	✓	✓	✓	✓	✓	✓
语音贴	✕	✕	✓	✓	✓	✓	✓	✓	✓	✓	✓	✓	✓	✓	✓	✓	✓	✓
发起投票	✕	✕	✓	✓	✓	✓	✓	✓	✓	✓	✓	✓	✓	✓	✓	✓	✓	✓
高级表情	✕	✕	✓	✓	✓	✓	✓	✓	✓	✓	✓	✓	✓	✓	✓	✓	✓	✓
涂鸦	✕	✕	✕	✕	✕	✓	✓	✓	✓	✓	✓	✓	✓	✓	✓	✓	✓	✓

图 9-27　不同等级对应享有的特权表

能否提升在贴吧的等级头衔，主要取决于获取的经验值的多少，不同的贴吧获取的经验值是不能互通的，要想查看不同贴吧的等级，可以进入个人贴吧主页，如图 9-28 所示，在主页下方可以看到自己所有贴吧的等级。

图 9-28　个人贴吧主页

不同的等级提升所需要的经验值不同，越高的等级提升所需的经验值越多，表 9-5 所示为会员等级和经验值对照表。

表 9-5　会员等级和经验值对照表

级　别	所需经验值	级别	所需经验值
1	1	10	2000
2	5	11	3000
3	15	12	6000
4	30	13	10000
5	50	14	18000
6	100	15	30000
7	200	16	60000
8	500	17	100000
9	1000	18	300000

那么，我们该如何快速获取经验值，从而提升等级，获取更多的等级特权呢？具体内容如下。

图 9-29 所示为签到所获取的对应经验值。

表 9-6 所示为参与贴吧的相关互动所获取的对应经验值。

签到说明

连续签到	PC经验	客户端经验	字体加粗	红色字体	一举橙名
1天	+2	+6	✕	✕	✕
2天	+4	+8	✕	✕	✕
10天	+4	+8	✓	✕	✕
20天	+4	+8	✓	✓	✕
30天	+4	+8	✓	✓	✓

图 9-29　签到所获取的对应经验值

表 9-6　参与互动所获取的对应经验值

行为	规　则	累积	PC 经验	客户端经验	超级会员经验
发主题	4 种行为累积	1 次	1	3	6
回复		2～3 次	2	6	12
发投票		4～5 次	3		
投票		6 次以上	4		

专家提醒

通常情况下，经验值只会不断增加，不会减少。但是，如果帖子被删除，或被识别为水帖（主要指骗取回复、刷楼为目的等的帖子），则该帖所产生的加分会被收回，但不会额外扣分。

为保证公平公正，大家可以互相监督，若发现作弊者，可以向"等级监督团"举报，一经查实，就会从严惩处并公示。

9.4　其他平台

除了上述平台外，常用的问答平台还有搜狗问问、360 问答、虫部落等。运营者如果想要扩大自媒体矩阵，这 3 个平台也是不错的选择。本节将对这 3 个平台进行介绍。

9.4.1　搜狗问问

搜狗问问也是问答互动平台，类似于百度知道，用户可以在此提出问题、回答问题，或者搜索其他用户分享的精彩内容，结交更多有共同爱好的朋友，共同享受探讨知识的乐趣。

搜狗问问可以使用 QQ 号登录，平台上设有经验值和积分制度，经验值用来提升等级，积分用来悬赏，每个用户都有自己的人气、声望值。

在首页切换至"问题分类"板块，可以看到问题的全部分类，如图 9-30 所示，可以根据不同的分类对问题进行筛选。

图 9-30　问题的全部分类

在首页切换至"问豆商城"板块，在该板块会显示许多可以通过积分兑换的奖品，如图 9-31 所示。

图 9-31　可通过积分兑换的奖品

专家提醒

　　问豆商城用来兑换商品的问豆是通过积分来换取的，积分需要通过在搜狗问问对提问者提出的问题进行解答来获得，获取积分的途径包括处理问题、提交答案、答案被采纳等多种方式。

　　需要注意的是，若答案被管理员删除，相应的积分也会扣除。

9.4.2 360 问答

360 问答是 360 搜索旗下产品,由用户有针对性地提出问题,并由问答本身的奖惩机制来发动其他用户解决问题。同时,这些问题的答案又会进一步作为搜索结果,提供给其他有类似疑问的用户,达到分享知识的效果,以此营造"你问大家答"的良好网络知识分享氛围。

在 360 问答首页,将鼠标移至"问题库"板块处,会显示 15 大问题分类,如图 9-32 所示,问题库能够帮助我们直接搜索信息。

图 9-32　15 大问题分类

例如,要想解决游戏类的问题,可以单击"游戏"选项,即可跳转至"游戏"页面,如图 9-33 所示,在该页面中会显示更细的标签分类,如单机电脑游戏、网页游戏、电视游戏、桌游棋牌游戏、手机游戏等,运营者可以根据需要选择标签,对问题进行筛选。

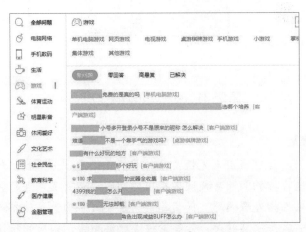

图 9-33　"游戏"页面

9.4.3 虫部落

虫部落是一个资料搜索引擎，同时也是一个社区型的平台，该网站会提供一些用户需要的资料、知识供人直接搜索。相比较其他问答平台，虫部落的资料更齐全，干货更多，非常适合学习和查找资料。

虫部落分为 4 大板块，分别是快搜、学术搜索、Wiki（维基，在网络上开放且可供多人协同创作的超文本系统）和教程，如图 9-34 所示。

图 9-34　虫部落的 4 大板块

单击"快搜"按钮，进入"快搜"页面，可以看到页面左侧提供了许多大型搜索引擎，如图 9-35 所示，在"快搜"板块中，不管是什么类型的资料，基本都能提供，包括图片搜索、新闻搜索、地图搜索和图书搜索等，汇聚了各大搜索引擎的资料库，能最大限度地满足用户的需要。

图 9-35　许多大型搜索引擎

进入"学术搜索"板块，同样在左侧可以看到虫部落提供了许多学术网站，如图 9-36 所示，包括一些国外的文库，在这里我们可以搜索到许多文献。

图 9-36　提供的许多学术网站

例如，我们在"百度学术"的文本输入框中输入"食品安全"，单击"百度一下"按钮，随后跳转至搜索结果页面，在这里会显示系统为我们找到的文献内容，如图 9-37 所示。

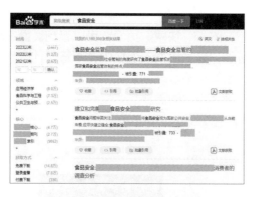

图 9-37　百度学术搜索结果页面

本章小结

本章主要向读者介绍了问答矩阵的基本知识，包括知乎平台、百度知道、百度贴吧、搜狗问问、360问答和虫部落，通过对这些问答平台的内容进行相关的讲解，帮助全媒体运营者了解问答平台的相关运营技巧，知晓问答矩阵的相关知识，有利于运营者在全媒体运营时对问答平台进行更有效地选择。

课后习题

1. 在百度知道平台中，怎么提高回答的采纳率？
2. 在百度知道平台中，提高回答问题的技巧有哪些？

第 10 章

音频矩阵，丰富听觉感受

音频平台具有易传播、易获取、低成本，以及无时无处不在的特点，虽然受众相对新闻、社交、图文和问答平台来说，会比较少，但用户重复率会很高，运营好音频平台，对全媒体矩阵运营者也是非常有必要的。

本章将重点讲解音频平台的运营技巧，扩展其他领域的用户来源。

学前提示

要点展示

- 喜马拉雅 FM
- 蜻蜓 FM
- 荔枝 FM

10.1 喜马拉雅 FM

喜马拉雅 FM（Frequency Modulation，频率调制）是国内顶尖的音频分享平台。用户通过该软件可以在平台上传、收听各种音频内容。它支持手机、电脑、车载终端等多种智能终端。

喜马拉雅平台的用户除了收听音频节目外，还可以进一步申请成为主播，发布自己的音频内容到平台上。本节主要介绍喜马拉雅平台的使用方法。

10.1.1 了解音频分类

喜马拉雅平台上有很多不同种类的音频节目，具体包括：有声书、音乐、娱乐、相声评书、儿童、资讯、脱口秀、情感生活、历史、人文、教育培训、英语、广播剧、戏曲、电台、健康养生、旅游、汽车、动漫游戏和电影等。进入喜马拉雅官网，在首页单击"分类"选项，可以看到各种不同分类的频道，如图 10-1 所示。

图 10-1　不同分类的频道

选择"音乐"标签，往下滑动页面，在"全部节目"板块中，可以看到音乐类型的节目，系统会根据受欢迎程度进行综合排序，如图 10-2 所示。

同时，我们也可以切换至"最多播放"或"最近更新"选项卡，根据需要选择自己喜欢的音频节目。

图 10-2　音乐类型的节目

10.1.2　进行主播认证

　　若运营者要想在喜马拉雅 FM 平台上发表自己的音频作品，需要先进入"创作中心"页面，进行主播认证，认证解锁后能获得 6 大特权，如图 10-3 所示，认证后才能够进行上传音频文件或剪辑等操作。

图 10-3　认证解锁后可获得的 6 大特权

进行主播认证的具体步骤如下。

步骤 01　在"创作中心"页面，单击"一键认证"按钮后，进入认证页面，以个人实名认证为例，在"实名认证"选项卡中单击"去认证"按钮，如图 10-4 所示。

图 10-4　单击"去认证"按钮

步骤 02　执行操作后，跳转至新的页面，用手机版喜马拉雅 App 扫描二维码，如图 10-5 所示。

步骤 03　用手机版 App 扫描二维码后，进入"实名认证"页面，如图 10-6 所示，填写好相关信息，即可完成实名认证。

图 10-5　用手机版喜马拉雅 App 扫描二维码　　**图 10-6　进入"实名认证"页面**

10.2 蜻蜓 FM

蜻蜓 FM 是一款强大的广播收听应用程序，用户可以通过它收听国内、海外等地区的上千个广播电台，内容覆盖文化、财经、科技、音乐、有声书等多种类型。本节主要为大家介绍蜻蜓 FM 的使用方法。

10.2.1　5 个功能特点

相比其他音频平台，蜻蜓 FM 有很多功能特点，具体内容如图 10-7 所示。

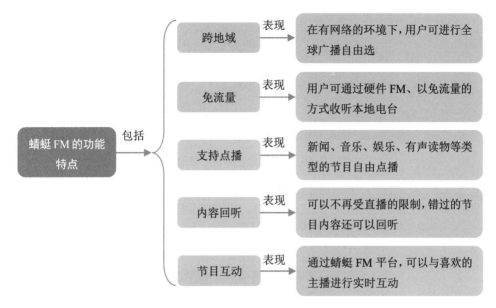

图 10-7　蜻蜓 FM 的功能特点

蜻蜓 FM 的内容分类十分丰富，包括小说、音乐、相声小品、脱口秀、情感、历史等多种类别。用户可以直接通过搜索栏寻找自己喜欢的音频节目。

10.2.2　入驻平台的步骤

如果想要录制声音并上传节目，可以进入蜻蜓 FM 官网，在首页单击"主播入驻"按钮，跳转至"主播公众平台"注册页面，如图 10-8 所示，在页面注册账号并登录。

登录后，进入"主播公众平台"后台页面，如果要上传节目需要先进行身份认证，单击右上角的"去认证"按钮，图 10-9 所示为跳转至"身份认证"页面。

如果是以个人身份进行主播入驻，可以进入"个人认证"板块，如图 10-10 所示，在该板块填写姓名、证件类型及照片等认证资料即可。

如果是以机构身份进行主播入驻，可以切换至"机构认证"板块，如

图 10-11 所示，填写好机构名称、统一社会信用代码并上传营业执照即可。

图 10-8 "主播公众平台"注册页面

图 10-9 单击"去认证"按钮

认证成功后，即可去开通直播或上传节目了，但主播在运营账号的过程中要遵守平台主播规范，在"帮助中心"板块可以查询平台主播规范。

图10-10　进入"个人认证"板块

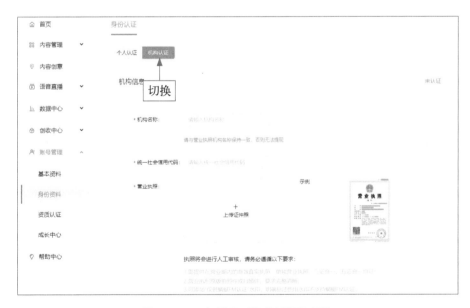

图10-11　切换至"机构认证"板块

10.2.3　进行合作推广

　　企业可以充分把握用户碎片化需求的特点，通过蜻蜓音频平台发布产品信息和广告。音频广告的营销效果比其他形式的广告要好，广告投放也更精准。而且，音频广告的运营成本也比较低廉，十分适合本地中小企业用来进行长期推广。

登录蜻蜓 FM 官网，在首页单击"联系我们"按钮，可以进入"联系我们"页面，在这个页面里可以看到相关的联系方式，如图 10-12 所示，通过这些联系方式，中小企业可以和相关行业的主播电台进行合作推广。

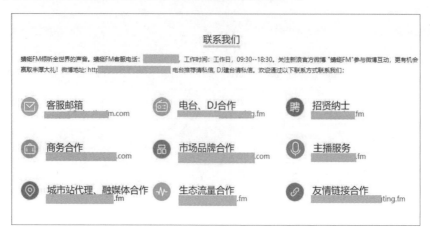

图 10-12　相关联系方式

10.3　荔枝 FM

在音频渠道中，荔枝 FM 无疑也是一个值得运营者关注的语音直播平台。在这个平台上，用户可以收听各种优秀的电台节目。

更重要的是，就如其宣传语"人人都是主播"一样，荔枝 FM 是一个支持在手机终端推出自媒体电台的平台。

同时，荔枝 FM 打造了一条从节目录制到一键分享至各社交平台的完整的生态链。本节为大家介绍荔枝 FM 的使用技巧。

10.3.1　认识荔枝 FM

下载好荔枝 App，登录账号后进入"声音"界面，如图 10-13 所示，可以看到推荐的相关语音直播间，滑动最上面的一栏选项卡，可以切换电台种类，例如切换至"情感"选项卡，如图 10-14 所示。

10.3.2　查看主播中心

若运营者要想通过荔枝 FM 进行平台运营，可以切换至"我的"界面，在"主播中心"板块中了解相关功能，如图 10-15 所示。

点击"创作中心"按钮，进入新的界面，在这里可以看到自己的创作数据。例如，在"声音中心"界面中，可以看到音频录制的相关数据，如图 10-16 所示。指数决定了运营者的节目被推荐到首页的概率的高低，等级越高享有的相应特权也越多。

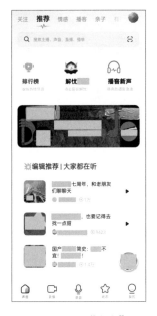

图 10-13　进入"声音"界面

图 10-14　切换至"情感"选项卡

图 10-15　"主播中心"板块

图 10-16　音频录制的相关数据

例如，运营者想要进行声音录制，该怎么操作呢？具体步骤如下。

步骤 01　运营者在"主播中心"板块中点击"录声音"按钮后，进入"音乐"界面，如图 10-17 所示。

步骤 02　点击 ✎ 按钮，弹出"百变音效"面板，如图 10-18 所示，可以适当地为声音加入音效，例如乌鸦、尴尬、魔性笑声、掌声等，对录制音频进行润色添彩。

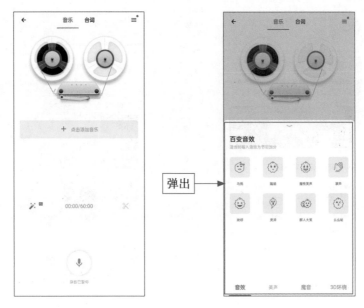

图 10-17　进入"音乐"界面　　　　图 10-18　弹出"百变音效"面板

步骤 03　点击 🎤 按钮，开始录制声音，如图 10-19 所示，在这个过程要注意保持周围环境安静，条件允许时，可佩戴耳机录制，会使声音更清晰干净。

步骤 04　再次点击 🎤 按钮，即可暂停录制，点击 🎤 按钮，可继续录制。录制结束后，点击 ✓ 按钮进行保存，如图 10-20 所示。

图 10-19　开始录制声音　　　　图 10-20　点击相应按钮进行保存

步骤 05 在弹出的对话框中输入录制的标题，点击"完成录制"按钮，如图 10-21 所示。

步骤 06 进入"发布"界面，如图 10-22 所示，填写好相应的信息，并点击"发布"按钮，即可发布声音。

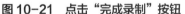

图 10-21 点击"完成录制"按钮　　图 10-22 进入"发布"界面

本章小结

本章主要向读者介绍音频矩阵的基本知识，包括喜马拉雅 FM、蜻蜓 FM 和荔枝 FM，通过对这些音频平台的内容进行讲解，帮助全媒体运营者了解音频平台的相关运营技巧，知晓音频矩阵的相关知识，有利于运营者在全媒体运营时对音频平台的选择。

课后习题

1. 在喜马拉雅 FM 平台上，进行主播认证的步骤是什么？
2. 蜻蜓 FM 有哪些功能特点？

第 11 章

视频矩阵，多元化展现形式

学前提示

　　打造全媒体矩阵，一定离不开视频平台的运营。通过短视频创作，能够实现带货卖货、推广、品牌宣传等一系列营销目标。入驻短视频平台，已成为当前的趋势，打造线上全媒体矩阵，重点在于运营好短视频账号。

　　本章将重点讲解视频平台的运营技巧，帮助运营者更好地实现全媒体运营的目标。

要点展示

- 抖音平台
- 快手平台
- 小红书
- 视频号

11.1　抖音平台

抖音目前已成为短视频平台的领军者，全球月活跃用户数量达到 5 亿，运营好抖音，并通过抖音的巨大公域流量进行商业盈利，是企业需要重点关注的议题。本节将为大家介绍抖音 3 种常见的盈利方式。

11.1.1　知识付费

知识付费是目前非常流行的一种盈利方式，一些教育培训机构通过抖音平台宣传自己的课程内容，通过引导用户报名课程来达到盈利的目的。图 11-1 所示为某运营者在抖音上宣传吉他学习课程的视频。

图 11-1　吉他学习课程的视频

11.1.2　售卖商品

在抖音电商运营中，运营者可以通过开通商品橱窗或抖音小店的功能售卖商品和盈利。下面就分别来介绍商品橱窗和抖音小店的相关内容。

1. 商品橱窗

开通商品橱窗功能后可以让抖音运营者拥有商品分享的权限，一旦开通了商品橱窗，会在用户个人账号主页中显示商品橱窗入口，如图 11-2 所示。

那么，运营者该如何开通抖音橱窗呢？其具体操作步骤如下。

步骤 01　打开抖音 App，在"我"界面，点击右上角■按钮，选择"抖音创作者中心"选项，如图 11-3 所示。

步骤 02　跳转至新的界面，在"我的服务"面板中点击"电商带货"按钮，如

图 11-4 所示。

图 11-2　抖音个人主页的商品橱窗入口

步骤 03 进入"抖音电商"界面，点击"立即加入抖音电商"按钮，如图 11-5 所示，通过实名认证和相关授权操作后，即可开通商品橱窗功能。

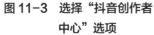

图 11-3　选择"抖音创作者中心"选项	图 11-4　点击"电商带货"按钮	图 11-5　点击"立即加入抖音电商"按钮

2．抖音小店

抖音小店是平台为商家提供的带货工具，其开通的具体操作步骤如下。

步骤 01 进入"抖音创作者中心"界面，在"我的服务"面板中点击"开通小店"按钮，如图 11-6 所示。

步骤 02 进入开通抖店界面，在此界面可以看到抖音电商的相关权益，选中"已阅读并同意《账号绑定服务协议》"复选框点击"入驻抖音电商"按钮，如图 11-7 所示。

图11-6 点击"开通小店"按钮　　**图11-7 点击"入驻抖音电商"按钮**

步骤 03 进入"认证类型选择"界面，根据实际情况选择类型进行认证，以"个体身份"为例，点击"立即入驻"按钮，如图11-8所示。

步骤 04 进入"入驻抖音电商"界面，如图11-9所示，按照平台要求填写相关信息，点击"下一步"按钮。

图11-8 点击"立即入驻"按钮　　**图11-9 "入驻抖音电商"界面**

步骤 05 执行操作后，继续完成店铺信息、平台审核、账户验证等操作，即可开通抖音小店。

11.1.3　直播盈利

由于抖音直播相对视频创作门槛更低，且用户对直播的内容包容度更高，更愿意观看，所以抖音直播已成为大部分运营者的主要盈利途径，其盈利主要有两种方式，一是用户打赏，二是直播带货。图 11-10 所示为直播间的橱窗商品。

图 11-10　直播间的橱窗商品

11.2　快手平台

在做视频平台运营时，运营者首先要做好账号设置和内容定位，为视频账号找到所擅长的垂直领域，才能更好地进行视频的运营及盈利。本节主要讲述快手平台的一些运营技巧，包括短视频包装、打造人设和增加粉丝黏性。

11.2.1　包装短视频的 4 个要求

快手作为一个专业的短视频社区平台，运营者应该利用短视频来为自己吸引更多的粉丝和用户，而不能仅靠直播来吸引人气和流量。运营者要想通过短视频来为自己引流，除了打造优质的内容之外，短视频封面、标题等的包装也非常重要。所以，接下来就来介绍包装快手短视频的相关要求。

（1）视频尺寸最好采用竖屏，因为竖屏能铺满整个屏幕，能展示更丰富的内容，对用户的视觉冲击更大。图 11-11 所示为横屏和竖屏的视频对比。

图 11-11　横屏和竖屏的视频对比

（2）封面图片要清晰，色彩饱和度要高。

（3）要保证封面内容的完整性，例如以人物作为视频封面时，人物的头部和上半身要显示完整，不要只显示"半个头"。

（4）选择视频中最吸引人的一帧画面作为封面图片，以引起用户兴趣。

快手短视频的标题一般是包含在封面图片中的，所以标题的字体颜色要与封面背景形成反差，标题字体不能设置得太小，至少要让人看得清楚，标题字数要精简，具有对话的互动感，格式排版要整齐统一。

11.2.2　打造人设的 4 个技巧

打造人设是快手运营中非常重要的部分之一，快手平台上那些运营达人无一例外都有着自己独特的风格和鲜明的人设。所以，新手运营者可以通过以下 4 个方面来打造人设，具体内容如下。

1. 设置账号头图

头图是快手运营者进行宣传和营销的好地方，许多营销人员都利用快手的头图来进行引流。但需要注意的是，不要使用文字太多的图片来作为头图的封面，这样不仅影响美观，而且会让用户感到不适。

运营者要根据快手账号的定位来进行头图封面的设置，目前来说，快手账号头图的设计主要有以下 4 种形式。

（1）对快手账号的信息进行补充和完善。

（2）引导关注，如添加"更多精彩内容，请关注我"的相关描述。

（3）与账号的头像一致，形成统一风格。

（4）留下联系方式，进行引流和推广。

2．设置账号名称

账号名称要能直接表示运营者的身份、有个性特点、没有生僻字、容易被人记忆和传播。当然，也可以使用自己的真实姓名。

3．设置账号头像

非动漫领域的运营者建议使用真人的照片作为账号头像，而且头像最好与内容的风格统一。

4．设置账号简介

账号简介的内容务必用最精练的话来描述，字数最好控制在 5 行以内，因为如果超过 5 行，多余的信息会被隐藏到"展开"按钮下，需要点开才能看见。图 11-12 所示为字数为 5 行的账号简介示例。

图 11-12　字数为 5 行的账号简介示例

11.2.3　巩固和粉丝之间的关系

在做快手运营的起步阶段，运营者需要用短视频来为自己积累粉丝。快手平台有很强的社交属性，运营者和粉丝之间的互动程度很高。

除了创建群聊和发表说说这两种互动方式之外，还有两种互动形式，那就是评论和直播。如果说短视频的内容的作用是用来吸粉的话，那直播的作用就是深化与粉丝的关系，进一步巩固已有粉丝群体。

11.3 小红书

小红书作为一个电商内容社区平台，自 2013 年发展至今已积累了大量的用户，现如今小红书平台的月活跃用户数量已经过亿，且大部分用户都是 90 后的年轻群体，具有更强的消费能力。运营好小红书账号，能够为企业发展带来更大潜力。本节主要为大家介绍小红书的运营技巧。

11.3.1 选择合适的运营领域

和其他平台相比，小红书的创作和盈利门槛比较低，这也是为什么越来越多的优质内容创作者入驻小红书的原因之一。

要想运营好小红书号，首先运营者需要为自己选择一个合适的领域，比如你感兴趣或者所擅长的领域。

其实，小红书还有一个特殊的领域，那就是小红书视频号。需要注意的是小红书视频号并非微信平台的那个视频号。小红书视频号是平台给优质视频作者的一个身份，加入小红书视频号的运营者将获得以下功能和权益，具体内容如图 11-13 所示。图 11-14 所示为申请开通视频号的条件。

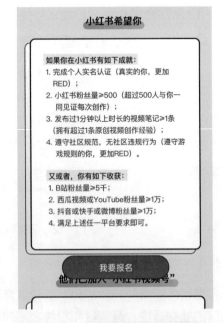

图 11-13　小红书视频号的功能和权益　　图 11-14　小红书视频号的申请条件

11.3.2 设置信息的 4 个技巧

选择好领域之后，我们要做的就是编辑账号资料了，在"我"的界面中，点击"编辑资料"按钮，进入"编辑资料"界面，这里有 4 项信息的编写和设置至关重要，即头像、名字、小红书号和个人简介。

因为这几项（除小红书号以外）信息必须和你所选的领域相关外，也要和你的账号定位相匹配，这样才有利于打造你的人设，提高账号的权重和垂直度。关于这几项信息设置技巧的具体内容如下。

（1）头像：可以用真人照片作为头像，这样可以增加账号的真实性，也可以用动漫形象图片和与领域相关的图片。

（2）名字：名字尽量与所选领域相匹配，也可以用个人真实姓名。

（3）个人简介：个人简介内容要展现自己的优势和成就，以及能够为用户带来的价值，这样才能吸引他们的关注，最好加上联系方式，方便引流。

（4）小红书号：小红书号是运营者的账号 ID（Identity Document，用户名），用户可凭借此 ID 搜索找到运营者，因此其设置原则是要方便用户搜索和记忆（小红书号只能修改一次）。图 11-15 所示为"编辑资料"界面。

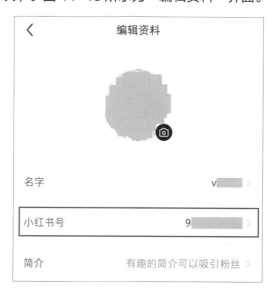

图 11-15　"编辑资料"界面

另外，对于美妆、时尚领域的运营者来说，还有两项资料信息可以进行填写，那就是"我的肤质"和"我的穿搭信息"。当运营者推荐美妆和服装产品时，完善这两项信息有助于用户更好的参考。图 11-16 所示为"我的肤质"界面。图 11-17 所示为完善穿搭信息界面。

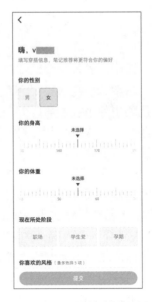

图11-16 "我的肤质"界面　　　**图11-17 完善穿搭信息界面**

11.3.3 了解平台的两种机制

关于小红书的平台机制，主要可以从两个方面来进行阐述，分别是推荐机制和权重机制，具体内容如下。

1. 推荐机制

小红书的推荐机制和其他平台相比，多了一个收录的步骤。如果运营者的笔记发布之后没有被系统收录，它就无法获得推荐，我们可以通过搜索笔记的方法来检测该笔记是否被收录。一旦笔记被系统收录后就可以获得推荐，推荐的原理和其他平台一样是逐级推荐的，系统会根据流量推荐的数据反馈来决定笔记的曝光量。

专家提醒

如果在系统推荐的过程中，笔记被人举报，那么推荐量就会下降，也就是通常所说的限流。

2. 权重机制

另外，账号的权重也会影响平台对内容的推荐，小红书平台的权重机制主要有以下几个方面。

（1）新注册的账号，权重是比较低的，因此需要通过养号来增加账号的权重。

（2）如果运营者进行了违规操作，系统会降低账号权重，从而导致笔记的推荐量和排名受影响。

（3）影响账号权重的因素有很多，例如注册时长、账号等级、笔记和收藏数量等。

（4）有些账号具有先天加权的优势，例如平台邀请账号和合作机构账号。

11.3.4　提高账号权重

新注册的账号权重比较低，所以运营者需要通过养号来提高账号的权重。养号是做任何平台运营时都需要经历的一个阶段，那种刚注册就发内容的账号很容易被平台判断为营销号，从而遭到打压和限流。

那么，我们该如何来进行养号呢？运营者在正式进行运营之前可以模拟普通用户的使用习惯，浏览自己感兴趣的笔记，看到优质的内容进行点赞、收藏和评论等，或者搜索并关注自己喜欢的作者。

专家提醒

需要注意的是，运营者在通过这些操作行为进行养号时，千万不能过度，比如在一天内疯狂地进行浏览和点赞，这样也会有敏感操作的嫌疑。

至于账号养多久合适，建议运营者至少养半个月以上。时间越久，账号权重就越高，而且每天使用小红书 App 的时间尽量在半个小时以上。

11.3.5　4 个选题技巧

很多新手运营者在进行创作时不知道该做什么内容，找不到选题的方向，针对这种情况，笔者来教大家一些做选题的技巧。

1. 结合热点话题

热点话题包括当前热播的影视作品、综艺节目和全民讨论的社会话题等，热度越高的话题越能引起用户的兴趣。

因此，运营者平时可以多关注一些最近的热度榜单，例如百度热搜榜单，通过热度榜单来了解相关的热点话题和热门内容。图 11-18 所示为百度热搜榜单。

在结合热点话题进行创作时，运营者还需要注意两点，具体内容如下。

（1）不要盲目地去蹭热点，要选择与自己账号定位相符的热点内容，另外还要注意避开敏感话题。

（2）要注意热点内容的时效性，运营者要及时地抓住热点，并尽快创作出内容。

图 11-18　百度热搜榜单

2. 选择节日活动

运营者可以根据节日活动来策划选题，因此我们要关注一些节假日的时间节点，例如传统节假日（春节、端午节、中秋节等）、开学季、电商购物节（6·18、"双11"等），根据这些节日话题来创作内容。

另外，运营者还可以创作和特定时期相关的盘点类内容，例如在年尾的时候做关于年度新品发布的总结，或者在十一黄金周做关于旅游记录的视频。

3. 关注官方账号

在小红书平台上，有专门负责推广小红书账号的官方引流账号，也有各领域的官方账号，例如"薯队长""美妆薯"等，运营者可以根据自己的领域关注相应的官方账号，从而获取最新的话题和资讯。

4. 关注同领域作者

运营者还可以多关注和自己同领域的创作者的内容动态，提炼他们优质的内容和创作亮点，以便进行学习和借鉴，进而从中获得更多的灵感，这也是大多数新手运营者经常采用的选题技巧之一。

11.3.6　两个设计技巧

不管是视频笔记还是图文笔记，要想吸引用户的眼球，并点击你的内容，还得从封面和标题入手。下面为大家介绍设计封面和标题的技巧，以提高用户对笔记的点击量。

1. 封面

制作视频或图文笔记的封面主要有 3 种方式，如图 11-19 所示。

制作封面的 3 种方式

从视频中截取一帧精彩的画面作为封面，挑选的画面要能体现视频的整体风格，还可以在此基础上进行加工

套用封面模板，在模板的基础上调整封面图片，建议使用小红书官方提供的封面模板

在时间充足、能力足够的情况下，运营者还可以自己制作封面，这样的封面质量往往更高

图 11-19　制作封面的 3 种方式

在制作封面的过程中，运营者还需要注意以下几个要点，如图 11-20 所示。

制作封面的注意要点

确保封面图片的清晰度，分辨率越高越好

选择合适的封面尺寸（竖屏为 3：4，横屏为 4：3）

突出封面中的主体内容，将主体内容放在封面的主要位置

适当地添加一些封面文字，对标题进行补充说明

图 11-20　制作封面的注意要点

除此之外，运营者还要注意封面图片的色调处理，对此运营者可以给图片添加合适的滤镜，或者是手动调节相应参数。

2. 标题

除了封面以外，标题也是吸引用户点击的关键因素。那么，什么样的标题点击率高呢？接下来，为大家介绍 4 点标题创作的技巧，具体内容如下所述。

（1）在标题中多添加关键词，以突出重点。

（2）在标题中添加数字，提升内容的条理性。

（3）利用标题和用户互动，可使用问句形式。

（4）寻找和用户的共同点，引发用户的共鸣。

另外，大家千万不能做标题党，常见的标题党的情况主要有以下 4 种，如图 11-21 所示。

标题党的 4 种情况

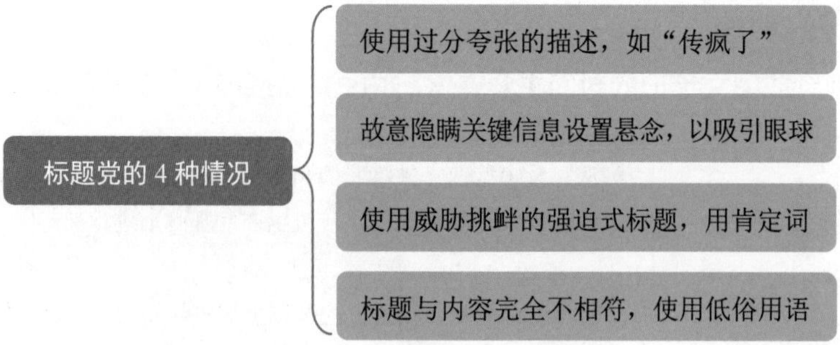

使用过分夸张的描述，如"传疯了"

故意隐瞒关键信息设置悬念，以吸引眼球

使用威胁挑衅的强迫式标题，用肯定词

标题与内容完全不相符，使用低俗用语

图 11-21 标题党的 4 种情况

专家提醒

　　运营者发布的笔记，标题不能超过 20 个字，字数不宜太多，也不能过少，要确保语句通顺，没有错别字。

11.4 视频号

　　视频号是在微信的用户基础上运营起来的，具有庞大的用户群体，同时结合了短视频短小、快速、精练的特点，一直以来都有固定的月活跃用户。

　　运营好视频号，有助于维护微信平台的私域流量。本节主要为大家介绍视频号的运营技巧。

11.4.1 在评论中进行互动

　　视频号的评论区是用户和运营者进行互动的地方，运营者经常利用评论功能来进行引流。运营者可以在回复评论时留下自己的微信联系方式，这样那些对内容感兴趣的用户就会将其添加为好友。

11.4.2 在文案中添加链接

　　目前，在视频号中能添加的链接只有公众号文章链接，所以视频号运营者可以很好地利用公众号文章（在文章中添加自己的微信），将视频号用户转化为私域流量。

　　图 11-22 所示为某视频号运营者利用微信公众号文章进行引流的例子。该视频号运营者就是将自己助理的微信二维码添加在公众号文章中，并且加上一段文字说明，引导用户添加微信好友，然后以超链接的形式将该篇文章添加在视频号内容的评论下方。

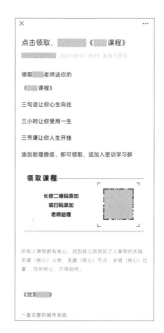

图 11-22　利用微信公众号文章引流示例

11.4.3　视频引流的 3 个方法

运营者如果想要通过所发布的视频号内容吸引用户，从而将其转化成为私域流量，可以在视频的描述、文案以及内容中巧妙地融入微信号。

1．文案

一部分运营者会选择将自己的微信号或者其他的联系方式，以文案的形式添加到视频中，这种方式也可以将公域流量转化为私域流量。但需要注意的是，采用这种方法时最好是将微信号添加在视频末尾，虽然这样会减少一部分流量，但是不会因为影响内容的观看而导致用户反感。

2．描述

运营者可以将自己的微信号添加在视频描述中，用户在看完视频之后，如果觉得视频号有意思，传达了有价值或者对他有用的信息，那么就有可能添加微信。

3．内容

在视频内容中展示微信号的方法适合真人出镜的短视频，具体方式是通过视频运营者口述微信号，来吸引用户加好友。这种方法的信任度比较高，说服力比较强，转化效果也比较好。

11.4.4　主页信息引流的两个方法

运营者可以通过在账号主页的信息设置中添加微信号来引流，包括视频号昵称和个人简介的设置，下面分别进行介绍。

1．设置视频号昵称

运营者可以在给视频号起名的时候，将自己的微信号添加在后面。这样其他的用户在看到你的视频号时就能马上知道你的联系方式，如果你发布的内容符合他的需求，那他就会添加你为好友。

2．设置个人简介

一般来说，运营者会在简介中对自己及所运营的视频号进行简单的介绍。那么，运营者填写信息的时候可以在简介中加入个人微信号，引导用户添加，如图 11-23 所示。

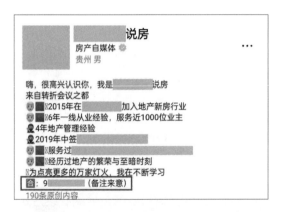

图 11-23　在个人简介中添加联系方式

除了在昵称和个人简介中添加联系方式外，运营者还可以在视频号作品的封面图片及视频号的头像图片中加入自己的联系方式。

11.4.5　管理粉丝的 3 个方法

视频号可以为个人微信号引流增粉，个人微信号也可以帮助视频号运营者更好地维护视频号平台的粉丝。通过对粉丝的管理维护，可以增加粉丝黏性，提高营销转化率，实现流量持续盈利。下面主要从 3 个方面来介绍维护和管理视频号粉丝的方法。

1．做好内容规划

不管是电商、微商，还是实体门店，都将微信作为主要的营销平台，可见其有效性是不容置疑的。所以，运营者完全可以借鉴这些有效的方法，在微信公众号或微信朋友圈中发布营销内容，培养粉丝的忠诚度，激发他们的消费欲望，同时还可以通过微信聊天解决粉丝的问题，提高粉丝的黏性。

在运营粉丝的过程中，微信内容的安排在账号创建之初就应该有一个明确的定位，并基于其短视频内容的定位安排微信内容，也就是需要运营者做好微信平台的内容规划，这是保证粉丝运营顺利进行下去的有效方法。

所以，运营者可以借鉴这个方法，给账号做好定位，并且发布其垂直领域的内容，这样引流到私域流量池的粉丝会更加精准，能更好地管理和维护粉丝，同时也有利于后续的盈利。

2. 开发营销活动

视频号运营者可以在微信中开发一些营销小程序，如签到、抽奖、学习和小游戏等，以提高粉丝参与的积极性。视频号运营者也可以在一些特殊的节假日期间，在微信上开发一些吸粉引流的 H5 页面活动，来提升粉丝的活跃度，快速吸引新的粉丝进入微信私域流量池。

在制作微信 H5 页面活动时，"强制关注"＋"抽奖"这两个功能经常会组合使用，视频号运营者可以把 H5 页面活动的二维码放到微信公众号文章中，或者将活动链接放入"原文链接"、公众号菜单以及设置的关注回复中，让用户能及时参与活动。

当制作好 H5 页面活动后，还需要进行一定的运营操作才能实现粉丝的有效增长，具体内容如下。

（1）内部推广：将活动链接发布到公众号文章中的"阅读原文"或底部菜单，加强公众号粉丝的参与积极性。

（2）外部推广：将活动链接发布到朋友圈和其他新媒体平台的文章中，利用奖品来吸引用户关注公众号。

（3）活动后续：活动结束后，可以在 H5 页面程序后台收集参与粉丝的联系方式，及时为他们进行奖品兑换。

3. 借助工具帮忙

大部分运营者都会同时运营多个微信号来打造账号矩阵，但随着粉丝数量的不断增加，管理这些微信号和粉丝就成了一个较大的难题，此时运营者可以利用一些其他工具来帮忙。

例如，聚客通是一个社交用户管理平台，可以帮助运营者盘活微信粉丝，引爆单品，具有多元化的裂变和拉新玩法，助力运营者实现精细化的粉丝管理。聚客通可以帮助视频号运营者基于社交平台以智能化的方式管理和维护新老客户，提升粉丝运营的效率。

11.4.6 提高视频的质量

视频号运营者要想利用视频内容来吸引粉丝，关键就是要提高视频的质量，创作出优质的视频。具体做法如下。

首先，运营者需要给自己的视频号做一个定位，而且定位要符合视频号目标用户的需求。

其次，根据视频号的定位，确定视频号的账号名称，因为符合视频号定位的账号名称更容易被用户搜索和关注。

最后，视频号的内容创作是非常关键的一环，视频号的定位和名称再好，若没有优质的内容做支撑，也无法良好的发展。

不管是自己拍摄原创视频，还是在别的短视频基础上进行二次创作，视频号的内容都应该有自己的特色和创意。此外，视频号运营者最好能找到适合自己的视频风格。从大部分的热门视频来看，不管视频内容是什么类型，那些脑洞大开或者有创意的短视频，通常会更容易获得用户的青睐。

优秀的后期处理对于短视频制作也是必不可少的，一个好的视频后期处理能给视频增加不少亮点。视频号运营者可以多借鉴一下别人制作的短视频，尤其是那些比较热门的短视频，从中寻找灵感。

本章小结

本章主要向读者介绍了视频矩阵的基本知识，包括抖音平台、快手平台、小红书和视频号，通过对这些视频平台的内容进行相关的讲解，帮助全媒体运营者了解视频平台的相关运营技巧，知晓视频矩阵的相关知识，有利于运营者在全媒体运营时对视频平台的选择。

课后习题

1. 在小红书平台中，做选题的技巧有哪些？
2. 在视频号平台中，维护和管理粉丝的方法有哪些？

第 12 章

直播矩阵，快速带货盈利

随着互联网技术的发展，直播平台开始涌入越来越多的商家，许多新媒体平台也逐渐开通直播功能，借助直播进行带货、团购和线上授课等。如何打造直播矩阵，是当下企业需要关注的重点。

本章将重点讲解直播平台的运营技巧，帮助运营者实现带货盈利。

学前提示

要点展示

- 直播平台：打造运营矩阵
- 思维培养：掌握直播技巧
- 技巧掌握：提高直播间转化率
- 步骤介绍：提高直播成交率

12.1　直播平台：打造运营矩阵

打造全媒体矩阵，必然离不开直播平台，有许多电商平台和短视频平台其实也都可以充当直播平台。本节将为大家讲述一些常见的直播平台的开通方法，例如抖音平台、京东平台、淘宝平台、快手平台、微信平台、B 站平台及拼多多平台等。

12.1.1　抖音平台

抖音平台目前是月活跃用户数量最大的自媒体平台，其大部分用户为 20 ～ 30 岁之间的年轻人，在此平台进行抖音直播只需要一台手机即可，下面为大家详细介绍抖音直播的开通方法。

1．开通流程

抖音直播可谓是目前促进商品销售的一个直接而又重要的平台。究竟要如何开通抖音直播呢？下面对开通抖音直播的流程进行简单的介绍。

步骤 01　登录抖音短视频 App，进入视频拍摄界面，切换至"开直播"界面，点击"团购"按钮，如图 12-1 所示。

步骤 02　进入"团购直播助手"界面，如图 12-2 所示，在需要进行直播的商品右侧点击"添加"按钮，即可完成添加。

步骤 03　返回"开直播"界面，此时"团购"所在的位置会显示添加的商品数量。确认商品添加无误之后，点击下方的"开始视频直播"按钮，如图 12-3 所示，操作完成后，便可进入直播界面。

图 12-1　点击"团购"按钮　　图 12-2　"团购直播助手"界面　　图 12-3　点击"开始
视频直播"按钮

2. 解决问题

在直播的过程中，我们可能会遇到直播没声音、卡屏等问题，那么这些问题要怎么解决呢？我们可以通过如下操作找到解决方法。

步骤 01 从抖音主页中进入"设置"界面，选择界面中的"反馈与帮助"选项，如图 12-4 所示。

步骤 02 进入"反馈与帮助"界面，在"直播问题"选项卡中点击 ⌄ 按钮，如图 12-5 所示，展开所有的直播问题。

步骤 03 在展开的问题中选择"直播规则"选项，如图 12-6 所示，进入"问题详情"界面，该界面中会解释一些直播相关的问题，运营者可以根据平台提供的解释了解直播问题的解决方法。

图 12-4　选择"反馈与帮助"选项　　**图 12-5　点击相应按钮**　　**图 12-6　选择"直播规则"选项**

12.1.2　京东平台

在进行网购时，商品的质量好坏是用户决定是否购买的关键因素之一，京东平台始终以高质量为标准，严格筛选产品，为用户提供一个正品保障的平台，受到不少追求高质量商品的用户群体的青睐。同时，京东的售后服务也十分有保障。

在京东的直播上，许多商家高管亲自带货，直播中还会进行大额抽奖活动，吸引了不少用户参与互动，有效地提升了用户的购买意愿。

下面主要介绍京东平台的直播开通与运营技巧，以供想要在京东进行直播的店家参考。

京东直播的开通需要先登录京东达人平台，成为京东达人，满足开通条件后，方可开通京东直播。如果不是京东达人的用户，可以先注册京东达人的账号。接下来为大家介绍京东达人的注册方式，请依照以下步骤进行注册和登录。

步骤 01 在浏览器搜索栏中搜索"京东创作服务平台"，单击京东达人的官网链接，进入"京东创作服务平台"页面后，在页面内输入自己的京东账号和密码，输入完成后，单击"登录"按钮，如图 12-7 所示。

步骤 02 登录成功后，选择你要开通的账号类型，若是个人开通，选择"个人"选项即可，如图 12-8 所示，也可以选择企业或者机构管理者等。

图 12-7 单击"登录"按钮　　　**图 12-8 选择"个人"选项**

步骤 03 选择"个人"选项后，进入实名认证页面，在此页面填写自己的真实姓名及证件信息，填写完整实名认证信息后，单击下方的"下一步"按钮，如图 12-9 所示，进行下一步操作。

步骤 04 执行操作后，继续填写个人信息，如京东账号、联系电话，并进行手机短信验证码验证，查看京东原创平台入驻协议后，选中"同意《京东原创平台入驻协议》"复选框，单击"下一步"按钮，如图 12-10 所示。

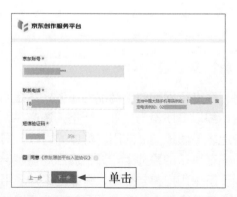

图 12-9 单击"下一步"按钮（1）　　**图 12-10 单击"下一步"按钮（2）**

步骤 05 弹出"达人 CPS 佣金与内容动态奖励规则"窗口，阅读规则内容，单击"确认"按钮，如图 12-11 所示，进行下一步操作。

图 12-11 单击"确认"按钮

步骤 06 执行操作后，系统会提示你已加入的信息，如图 12-12 所示，三秒之后即可跳转网页。

图 12-12 已加入京东达人的提示

步骤 07 跳转至相应页面后，选择左侧的"创作"|"渠道申请"选项，此时右侧会显示各种渠道的申请信息介绍，在"京东直播"选项中单击"展开"按钮，如图 12-13 所示。

步骤 08 单击"展开"按钮后，会弹出新的面板，显示自己是否符合申请条件，如图 12-14 所示，若不满足申请条件，可单击"京东直播"选项中的"查看详情"按钮，查看申请条件的具体要求。

步骤 09 单击"查看详情"按钮后，能够看到京东主播的资质审核要求，如图 12-15 所示。

图12-13 单击"展开"按钮

图12-14 显示是否符合直播申请条件

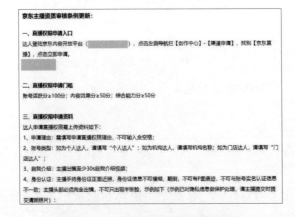

图12-15 京东主播资质审核条例

12.1.3 淘宝平台

淘宝平台一直以来都是电商直播不可或缺的一个重要平台，这里主要为大家介绍淘宝平台的开通直播的方法。

在淘宝开通直播的方法有两种：第一种途径主要面向普通用户；第二种途径主要针对商家、达人和档口主播。

下面为大家介绍第二种途径。首先我们需要在手机上搜索并下载最新的淘宝主播 App，在安装完成之后，进行注册和登录。

步骤 01 进入淘宝主播 App，登录成功后，在"首页"界面中，点击头像下方的"立即入驻，即可开启直播"按钮，如图 12-16 所示。

步骤 02 进入"入驻淘宝主播"界面，设置好头像和昵称等信息之后，在"实人认证"的选项中点击"去认证"按钮，如图 12-17 所示。

步骤 03 执行操作后，进入"实人认证服务"界面，如图 12-18 所示，在进行人脸识别并确认真实身份后，即可完成认证，入驻淘宝主播。

图12-16　点击相应按钮

图12-17　点击"去认证"按钮

图12-18　进入"实人认证服务"界面

12.1.4 快手平台

快手平台也是直播带货中非常重要的一个平台。下面为大家介绍在快手开通直播的方法，可按照以下步骤进行操作。

步骤 01 进入快手短视频 App 之后，点击首页界面下方的⊕按钮，如图 12-19 所示，进入拍摄界面。

步骤 02 切换至"直播"界面，设置封面图和标题，点击"开始聊天直播"按钮，如图 12-20 所示。

步骤 03 执行操作后，跳转至"实名认证"界面，如图 12-21 所示，填写好相关身份信息后，选中"已阅读并同意相关协议"复选框，点击"同意协议并认证"按钮，即可完成实名认证，随后跳转至开直播界面，再次点击"开始聊天直播"按钮，即可进入直播界面。

图 12-19　点击相应按钮　　　图 12-20　点击"开始聊天　　图 12-21　"实名认证"
　　　　　　　　　　　　　　　　　　　直播"按钮　　　　　　　　　　界面

12.1.5　微信平台

微信直播以庞大的微信用户群体为基础，主要面向用户的好友，以及相同社交圈内的用户。微信直播的优势，是能够增强用户彼此之间的黏性。微信直播的方式主要有两种，一种是公众号直播，另一种是小程序直播。

微信小程序直播的开通需要具备两个条件，一是拥有自己的小程序，二是小程序收到了微信的公测邀请。只有同时具备两个条件的用户才能开通小程序直播功能。

微信公众号的直播需要借助直播平台来实现，微赞作为其中一个常用的平台，为微信公众号的直播提供了便捷和高效的解决方案，除此之外，也可以使用其他的直播平台进行直播。下面将为大家介绍借助微赞开通微信公众号直播的方式。

步骤 01 打开微赞 App，点击界面下方的"去开播"按钮，如图 12-22 所示。

步骤 02 执行操作后，选中"登录即表示您同意该《用户协议》与《隐私政策》"复选框；点击"微信登录"按钮，如图 12-23 所示。

步骤 03 执行操作后，跳转至"手机号验证"界面，输入手机号码和验证码后，点击"立即登录"按钮，如图 12-24 所示，即可成功登录微赞 App。

图 12-22　点击"去开播"按钮

图 12-23　点击"微信登录"按钮

步骤 04 跳过"专属解决方案"界面，进入"直播间列表"界面，点击"新建直播间"按钮，如图 12-25 所示。

图 12-24　点击相应按钮

图 12-25　点击"新建直播间"按钮

步骤 05 执行操作后，在该界面可以看到我们拥有了一个体验版的直播间，选择该直播间，如图 12-26 所示。

步骤 ⑥ 执行操作后，进入开通直播界面，界面会弹出新的对话框，提示我们对身份进行认证，点击"去认证"按钮，如图 12-27 所示。

图 12-26　选择相应直播间

图 12-27　点击"去认证"按钮

步骤 ⑦ 执行操作后，进入"直播间认证"界面，此界面会显示两个选项卡，分别为"企业认证"和"个人认证"。以个人为例，切换至"个人认证"选项卡，上传相关照片并填写好信息，点击"提交"按钮，如图 12-28 所示。

步骤 ⑧ 执行操作后，跳转至"认证结果"界面，显示认证成功，即可点击"立即创建直播"按钮进行直播，如图 12-29 所示。

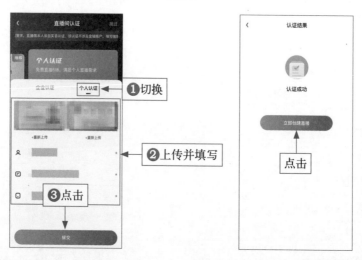

图 12-28　点击"提交"按钮　　　　图 12-29　点击"立即创建直播"按钮

步骤 ⑨ 执行操作后，进入直播间创建界面，如图 12-30 所示，在这里可以选择直播的形式，如视频直播、图片直播或语音直播，也可以选择横屏或竖屏的直播模式。

步骤⑩　选择"竖屏直播"选项，如图 12-31 所示，点击"创建竖屏直播"按钮，即可创建竖屏模式的直播间。

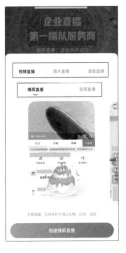

图 12-30　进入直播间创建界面　　　　图 12-31　选择"竖屏直播"选项

步骤⑪　跳转至新的界面，填写好开播时间和直播标题等信息，如图 12-32 所示，并点击"创建直播"按钮。

步骤⑫　进入新的界面，在这里可以设置开播推送的方式及推流设置等，设置完成后，点击"去开播"按钮，如图 12-33 所示。

步骤⑬　进入直播间，在该界面可以设置镜头的方向、美颜滤镜、音频音效等内容，完成操作后，点击"开始直播"按钮，如图 12-34 所示，即可开始直播。

图 12-32　填写好相关　　　图 12-33　点击"去开播"　　　图 12-34　点击"开始直播"
　　　　　　信息　　　　　　　　　　　　　按钮　　　　　　　　　　　　　按钮

12.1.6　B 站平台

B 站平台上的内容有趣而丰富，许多年轻人都喜欢将 B 站作为观看直播的重要渠道。那么，UP 主（uploader，上传者，指在视频网站、论坛等上传视频、音频文件的人）如何玩转 B 站直播呢？下面为大家详细解答这个问题。

1. 开通直播

在介绍直播之前，我们先来了解在 B 站上开通直播的步骤。目前，使用电脑端和手机端都可以在 B 站上进行直播。下面以手机端为例，为大家具体讲解开通直播的步骤。

步骤 01　登录哔哩哔哩 App，点击"首页"界面中的"直播"选项；点击 按钮，如图 12-35 所示。

步骤 02　执行操作后，即可进入"视频"界面，点击"开始视频直播"按钮，如图 12-36 所示。

图 12-35　点击相应按钮　　图 12-36　点击"开始视频直播"按钮

值得注意的是，只有在实名认证之后才能开播，所以在开播之前主播一定要先进行实名认证。

介绍了在手机端上开通直播的步骤后，下面就来为大家重点介绍 B 站直播中的两种功能。

（1）主播舰队。

主播开通直播后，可以在直播房间内拥有自己的舰队，舰队的船票总共有 3 种，分别是总督、提督和舰长。当主播的粉丝拥有相应的舰队船票后，该粉丝将会拥有以下特权。

- 在图标上，舰队船员拥有房间专属唯一标识、进房间弹幕特效公告、房间内专属身份展示位特权。
- 在弹幕上，舰队船员拥有专享房间内紫色弹幕、专享房间内顶部弹幕发送权限（仅限总督）、弹幕长度发送上限提升至40字（仅限总督和提督）特权。
- 在“爱意”上，舰队船员拥有亲密度上限翻倍（粉丝勋章等级不同亲密度上限也有所不同）、加速升级粉丝勋章、粉丝专属礼包和购买即返银瓜子（B 站直播虚拟货币）特权。
- 在发言上，舰队船员不受房主以外的禁言影响、发言时昵称颜色与众不同且发言时拥有聊天气泡特权。

（2）直播看板娘。

“直播看板娘”是 B 站设计的一个卡通形象，它的主要作用是实现内容交互，即当主播收到粉丝打赏的礼物时，“直播看板娘”会以气泡的形式弹出来，帮主播答谢粉丝。而平时“直播看板娘”也会悬浮在视频周围，粉丝单击或双击“直播看板娘”时，她会向粉丝卖萌。此外，UP 主还可对“直播看板娘”进行换装。

2. 了解直播的规则

俗话说得好：没有规矩不成方圆。直播是一种覆盖面广、传达速度快的内容传播形式，如果没有一定的规矩作引导，势必会出现各种乱象。因此，B 站特意制定了《bilibili 主播直播规范》，对主播的直播行为作出了一些规定，如图 12-37 所示。

bilibili主播直播规范V2.7

2023-05-08 11:25:00

哔哩哔哩直播（以下简称“平台”）为了使得主播（以下亦称“您”）在开展直播或与直播相关活动时清晰地理解禁止行为的界限，保障平台的健康发展，制定本规范。

本规范基于《哔哩哔哩弹幕网用户使用协议》、《哔哩哔哩直播服务协议》、《社区规则》制定（统称为“哔哩哔哩服务条款”）；同时，《主播SAN值的相关规则》及平台公布的其他主播行为相关管理规则、规范、公告、声明、政策等是本规范不可分割的组成部分（统称为“其他平台规则”）。**您接受并同意本规范的行为，即视为您同意并接受哔哩哔哩服务条款和其他平台规则。**

一、基本原则

严格遵守《互联网信息服务管理办法》、《网络信息内容生态治理规定》相关规定，严禁制作、复制、发布含有下列内容的违法有害信息：

（一）反对宪法所确定的基本原则的；
（二）危害国家安全，泄露国家秘密，颠覆国家政权，破坏国家统一的；
（三）损害国家荣誉和利益的；
（四）歪曲、丑化、亵渎、否定英雄烈士事迹和精神，以侮辱、诽谤或者其他方式侵害英雄烈士的姓名、肖像、名誉、荣誉的；
（五）宣扬恐怖主义、极端主义或者煽动实施恐怖活动、极端主义活动的；
（六）煽动民族仇恨、民族歧视，破坏民族团结的；
（七）破坏国家宗教政策，宣扬邪教和封建迷信的；
（八）散布谣言，扰乱经济秩序和社会秩序的；
（九）散布淫秽、色情、赌博、暴力、凶杀、恐怖或者教唆犯罪的；
（十）侮辱或者诽谤他人，侵害他人名誉、隐私和其他合法权益的；
（十一）含有法律、行政法规禁止的其他内容的。

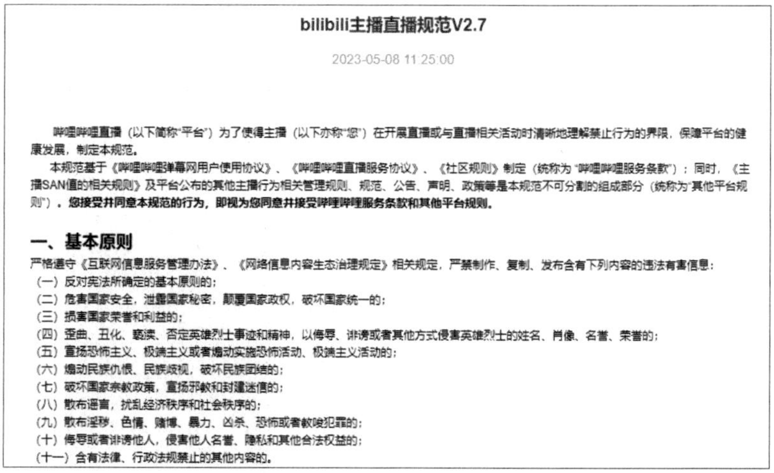

图 12-37 《bilibili 主播直播规范》

此外，B 站还发布了《哔哩哔哩直播带货禁售商品类目》，因此主播在直播之前，一定要了解自己销售的产品是否在其中。

12.1.7 拼多多平台

拼多多的多多直播门槛低、盈利快，受到许多用户的喜爱。并且拼多多在这几年大受欢迎，凭借实惠的价格赢得了众多用户的下载与使用。拼多多的多多直播面向所有用户，不仅门槛低，而且操作简单。下面将详细为大家介绍手机拼多多 App 的直播技巧。

步骤 01 登录拼多多 App，点击"个人中心"按钮，如图 12-38 所示。

步骤 02 进入"个人中心"界面，点击头像，如图 12-39 所示。

步骤 03 进入"我的资料"界面，选择"多多直播"选项，如图 12-40 所示。

步骤 04 随后跳转至"开直播"界面，如图 12-41 所示，设置好封面后即可直播。

图 12-38　点击"个人中心"按钮

图 12-39　点击头像

图 12-40　选择"多多直播"选项

图 12-41　进入"开直播"界面

商家版拼多多与普通版操作类似，区别是需要下载拼多多商家版，下载完成后登录商家账号，在账号后台界面中选择"工具"选项，找到"营销"选项并选择，在"营销"栏中选择"多多直播"选项，进入后点击"创建直播"按钮，在相册内挑选自己想要的封面并填写主题即可。

12.2 思维培养：掌握直播技巧

作为一个刚进直播行业的新人主播，要想快速获得更多的粉丝，就需要培养自身的直播思维。下面就来为大家介绍其中最常见的 5 种主播思维，以帮助新人快速掌握直播的技巧。

12.2.1 掌握直播间主动权

对于一个新人主播来说，学会控制直播间的场面、把握直播的节奏是首先要具备的技能。大多数主播在刚开始直播的时候，观众人数很少，再加上自己没有什么直播的经验，经常会出现冷场的情况。

此时，如果主播只是被动地回答用户的问题，而不积极主动地寻找话题，一旦用户想要了解的都得到满足之后，就不会再提问或者离开直播间，场面就会变得尴尬。

基于上面的情况，新人主播在刚开始直播时几乎没有自己是主角的感觉，反倒有点像"打酱油的人"，这样怎么可能会吸引更多用户前来观看呢？所以，主播要做到在整个直播的过程中始终牢牢掌握直播间的主动权。

要想掌握直播间的主动权，主播除了回答问题之外，还需要善于主动寻找话题。观众进入直播间，往往是为了寻找乐趣、放松心情或是打发时间。如果主口播只是被动地等待观众抛出话题，那么直播间的氛围很可能会变得沉闷无聊，观众很快就会失去兴趣，甚至选择离开。

如果主播能够做到一个人就能掌控全场，从诗词歌赋到人生哲学，各种话题都能够侃侃而谈，那么用户的注意力就会被牢牢吸引住。若要想达到这种效果，就需要主播多花时间和精力去积累大量的话题素材。

另外，主播可以根据每天直播的话题设置不同的主题，并邀请粉丝参与话题互动，这样不仅能提升直播间的活跃度，还能让用户感觉到主播知识渊博和专业靠谱，从而更容易对主播产生敬佩崇拜之情，此时主播就比较容易控制直播间的场面和氛围。

除了掌控直播间的场面，主播也需要高度重视应对突发情况。其中，最常见就是直播间出现极个别故意捣乱、与主播唱反调的用户。面对这种情况，主播保持冷静和理智，不回应他们任何的言语攻击，毕竟，大多数观众都是明辨是非的，孰是孰非大家心里都清楚。因此，主播只需要在谈笑间化解即可。

学会控制直播场面能够快速提升新人主播对直播的自信，让其有一种掌控全局的成就感，能激发主播继续直播的动力，确保直播的顺利进行并取得成功。

12.2.2 积极和粉丝互动

有的新人主播经常会问这样一个问题："我想做直播，但是没有高颜值怎么办？"其实，在各大平台中的确有很多高颜值的主播，但不靠颜值却依然火爆的主播也大有人在，因此颜值并不能完全决定直播的效果和主播的人气。

那什么才是快速吸引粉丝的关键呢？直播是一场人与人之间的互动交流，所以关键还是在于人。如果经常看直播的网友，就不难发现，那些人气火爆、粉丝众多的主播不一定拥有很高的颜值，但是他们普遍拥有较高的情商，非常善于与人沟通交流，不论是熟悉的还是陌生的人，他们都能轻松地展开话题。

对于新人主播来说，直播最重要的关键在于学会与人互动，让用户时刻感受到主播的热情和走心的服务。当粉丝需要倾诉时，主播应认真倾听并给予安慰他，尽量聊粉丝感兴趣的话题，与粉丝建立共同语言。

只有把粉丝当作成朋友来对待，主动去了解他们关心的事物，才能让粉丝感受到主播的真诚，从而增进彼此之间的情谊，增强粉丝对主播的信任感、黏性和忠实度。

在虚拟的网络世界中，主播要想维护与粉丝之间的情谊就得付出自己的真心和诚意。粉丝之所以会给主播刷礼物，很大一部分原因是因为接受其人格魅力，是主播的真诚打动了他们。

情感是通过深入沟通与交流培养起来的，礼物的赠送则是基于与粉丝真诚交流而自然产生的。刷礼物代表了粉丝对主播的喜爱和认可，只有粉丝自愿主动地打赏，才能说明粉丝的直播体验很好。很多新人主播在刚开始直播时，为其刷礼物的也只有身边的亲朋好友，他们刷礼物以表示鼓励与支持。

因此，平时主播下播之后要多去关注给你刷礼物的粉丝的动态，让粉丝感觉到你很关心他们，让他们觉得自己是有存在感的，这样不仅能使彼此之间的感情更加牢固，还能获得相应的尊重。

12.2.3 学习并展示自己的才艺

对于新人主播而言，要想进行一场精彩的直播，光有真诚是不够的，还得要有能力，也就是说作为一个主播，要学习多种才艺才能获得观众的喜爱和认可。才艺的种类非常之多，主要的才艺类型有乐器表演、书法绘画、唱歌跳舞和游戏竞技等。不管你学哪种才艺，都能为你的直播吸引更多的粉丝。当然，如果你全部都能学会，那就更好了。下面就来分别介绍乐器表演和书法绘画这两种才艺类型的直播。

1. 乐器表演

乐器表演是吸引观众观看直播的一种很好的方法，乐器的种类有很多种，如钢琴、吉他、小提琴、大提琴等。图 12-42 所示为钢琴表演的才艺直播。

图 12-42　钢琴演奏的才艺直播

　　上面案例中的钢琴演奏直播内容并不是枯燥的钢琴演奏知识，而是某一首歌曲的弹奏教学，这样的内容很容易让用户产生看完直播就能学会弹奏这首歌曲的感觉，从而增加用户的观看兴趣。

　　如果主播想进行乐器类产品带货的直播，就可以先用产品表演才艺，在给观众表演的同时展示产品，有利于吸引用户下单。图 12-43 所示为钢琴产品带货的直播间。

图 12-43　钢琴产品直播带货

2. 书法绘画

书法和绘画的才艺表演要求主播的作品必须足够优秀和好看，才能吸引用户的注意力，获得用户的欣赏和赞美。图 12-44 所示为某主播进行书法才艺演示的直播。

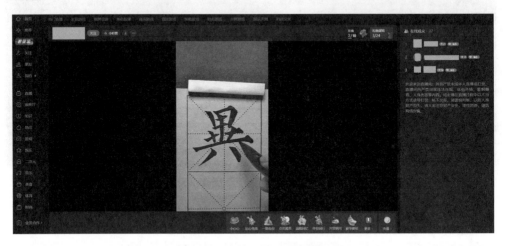

图 12-44　书法才艺直播

如果主播想带货和绘画、美术相关的产品，就可以先用作品来展示产品的使用效果，这样不仅展示自己的才艺，更能让观众直观地了解产品。图 12-45 所示为毛笔产品带货的直播间。

图 12-45　毛笔产品直播带货

不管是什么类型的才艺表演，只要你的才艺能够让用户觉得耳目一新，能够吸引他们的兴趣和注意，并且为你的才艺赞赏喝彩，那么你的直播就是成功的。在各大直播平台上，有着无数的主播，向用户展示其独特的才艺，并且才艺或者作品足够精彩和优秀，才能抢占流量，在众多主播中脱颖而出。

学习多种才艺对主播的个人成长和直播效果的提升作用非常大，这也是主播培养自己直播技能最重要的方法之一。另外，主播在带货时也可以根据自己擅长的才艺类型，选择与之相关的产品，进行直播带货。

12.2.4　直播需要注意的 3 个问题

在培养主播专业能力的道路上，最重要的一点就是抓住用户的痛点和需求，从而更有针对性地为用户带来有价值的内容。挖掘用户痛点是一个长期的过程，但是主播在其中需要注意以下 3 个问题，如图 12-46 所示。

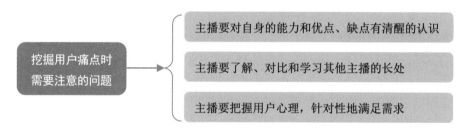

图 12-46　挖掘用户痛点时需要注意的问题

主播在创作内容时，要抓住用户的主要痛点，以这些痛点为标题来吸引用户的关注，弥补用户在现实生活中的各种心理落差，让他们在你的直播间中得到心理安慰和满足。

12.2.5　做垂直的直播内容

如果仔细观察那些热门的主播，不难发现他们的直播内容具有高度垂直的特点，例如有的专注于电商直播带货领域，有的因游戏直播而走红。什么是垂直呢？垂直就是专注于一个领域来深耕内容，领域越细分，直播内容的垂直度就越高。

其实，对于所有的内容创作领域而言，都应该非常注重账号内容的垂直度，内容的垂直度会影响账号权重的高低，也影响平台对发布内容的推荐，更重要的是还会影响用户对内容创作者专业程度的判断。也就是说，内容的垂直度越高，吸引过来的粉丝群体精准度就越高，也就越优质。

那么对于主播来说，该如何来打造自己高度垂直的直播内容呢？关键就是主播要拥有一项自己最擅长的技能。俗话说得好："三百六十行，行行出状元。"只有深挖自身的优势，了解自己的兴趣特长所在，才能打造属于自己的直播特色。

主播找到自己最擅长的技能和领域之后，就要往这个方向不断地去深耕内容，垂直化运营。例如，有的人玩游戏的水平很高，于是他专门做游戏直播；有的人非常擅长画画，于是他在直播中展示自己的作品；有的人对时尚美妆很热爱，于是直播分享化妆技术和教程。

只要精通一门专业技能，然后依靠自身的专业技能来垂直输出直播内容，那么吸粉和盈利就会变得轻而易举。当然，主播在直播之前还需要做足功课，准备充分，才能在直播的时候从容不迫，最终取得良好的直播效果。

12.3　技巧掌握：提高直播间转化率

在进行直播带货的过程中，主播还得掌握一些实用的带货技巧，这样才能更好地提高直播间的销量。本节就重点为大家介绍 6 种直播带货技巧，帮助主播快速提高直播间的转化率。

12.3.1　挖掘卖点的两种方法

产品卖点可以理解成产品的优势、优点或特点，也可以理解为自家产品和别家产品的不同之处。怎样让用户选择你的产品？和别家的产品相比，你家产品的竞争力和优势在哪里？这些都是主播在直播卖货过程中要重点考虑的问题。

在观看直播的过程中，用户或多或少会关注产品的某几个点，并在心理上认同该产品的价值。在这个可以达成交易的时机上，促使用户产生购买行为的，就是产品的核心卖点。找到产品的卖点，可以让用户更好地接受产品，并且认可产品的价值和效用，从而达到提高产品销量的目的。

因此，对于主播来说，找到产品的卖点，不断地进行强化和推广，通过快捷、高效的方式，将找出的卖点传递给目标用户是非常重要的。

下面就来为大家介绍两种挖掘卖点的方法。

1．流行趋势

流行趋势代表着广大消费者的喜好和追求，对于服装行业来说，把握流行趋势至关重要。主播在挖掘服装卖点时，结合当前流行趋势是一个非常有效的方法，也是各商家常用的营销手法。

例如，当市面上大规模流行莫兰迪色系的时候，在服装的介绍宣传上就可以通过"莫兰迪色系"这个标签吸引用户的关注；当夏天快要来临，女性想展现自己曼妙身材的时候，销售连衣裙的商家就可以将模特穿上的效果展现出来。

2．产品质量

产品质量是用户购买产品时的一个关注重点。大部分人在购买产品时，都会将产品的质量作为重要的参考要素。所以，主播在直播带货时，可以重点强调服装的质量，将商家标明的质量卖点作为直播的重点内容，向用户进行详细的质量说明。

12.3.2　改善体验感的 3 种方法

在用户消费行为日益理性化的情况下，口碑的建立和积累可以为短视频和直播带货带来更好的效果。建立口碑的目的就是为品牌树立一个良好的正面形象，口碑的力量会在使用和传播的过程中不断加强，从而为品牌带来更多的用户流量，这也是为什么商家都希望用户能给好评的原因。

许多直播中销售的产品，链接的都是淘宝等电商平台的产品详情页。许多用户在购买产品时，会查看店铺的相关评分，以此来决定要不要购买直播中推荐的产品。所以，提高店铺的评分就显得尤为重要了。

在淘宝平台中，"店铺印象"界面中会显示好评率、宝贝描述、卖家服务和物流服务的评分，如图 12-47 所示。这 4 个评分的高低在一定程度上会影响用户的购买率。评分越高，代表用户的体验感越好，店铺的口碑越佳。因此，主播在选择产品时，应该将产品所在店铺的评分作为一个重要的参考项。

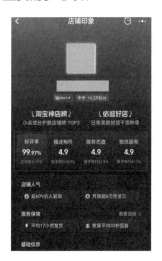

图 12-47　淘宝店铺的评分

优质的产品和售后服务都是口碑营销的关键，处理不好售后问题会让用户对产品的看法大打折扣，并且会降低产品的复购率，而优质的售后服务则能让产品和店铺获得更好的口碑。

口碑体现的是品牌和店铺的整体形象，这个形象的好坏主要体现在用户对产品的体验感上，所以口碑营销的重点还是在于不断提高用户体验感。具体来说，用户的体验感，可以从 3 个方面进行改善，如图 12-48 所示。

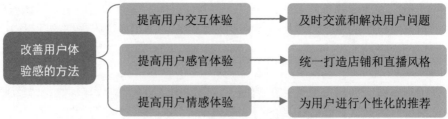

图 12-48　改善用户体验感的方法

那么，产品的良好口碑又会产生哪些影响呢？具体内容如下。

1．挖掘潜在用户

口碑营销在用户的购买决策中影响重大，尤其是潜在用户，这类用户会询问已购买产品的用户的使用体验，或者查看产品下方评论，观看用户使用感受。所以，使用过产品的用户评价在很大程度上会影响潜在用户的购买意愿。

2．提高产品复购率

对于品牌和店铺来说，信誉是社会认同的体现，所以好口碑也是提高产品复购率的有效决策。

3．增强营销说服力

口碑营销相较于传统营销更具感染力，营销者其实是使用过产品的用户，而不是品牌方，这些使用过产品的用户与潜在用户一样都属于用户，这些用户的评价对于潜在用户而言更具有说服力。

4．解决营销成本

口碑的建立能够节约品牌在广告投放上的成本，为商家的长期发展节省宣传成本，并且能为品牌进行推广传播。

5．促进企业发展

口碑营销有助于商家获得更多忠实的用户，从而推动商家的成长与发展。

由此不难看出，品牌和店铺的口碑对于直播来说是非常重要的。一方面，主播在直播过程中可以借助良好的口碑吸引更多用户下单；另一方面，在直播中卖出产品之后，主播和商家需要做好售后服务工作，提高品牌和店铺的口碑。只有这样，用户才会持续在直播间中购买商品。

12.3.3　与竞品进行对比

俗话说："没有对比就没有伤害"，买家在购买产品时都喜欢"货比三家"，选择性价比更高的产品。但是很多时候，用户会因为不够专业而无法辨别产品的优劣。此时，主播在直播中就需要通过与竞品进行对比，以专业的角度，向用户展示两个产品之间的差异，以增强产品优势的说服力。

对比价格在直播中是一种高效的方法，可以带动气氛，激发用户购买的欲望。常见的差价对比方式就是，将某产品的直播间价格与其他销售渠道中的价格进行对比，让用户可以直观地看到直播间产品价格的优势。

例如，某直播间中销售的办公桌子的常规价为 100 元，券后价只要 85 元，而同款商品在其他购物平台上却比其券后价贵了将近 100 元。此时，主播便可以在电商平台让用户看到自己销售的产品的价格优势。

在这种情况下，观看直播的用户就会觉得该直播间销售的办公桌子，甚至是其他产品都是物超所值的。这样一来，该直播间的销量便会得到明显的提高。

12.3.4　策划幽默的段子

主播在进行直播时可以策划各种幽默段子，将带货的过程变得更加有趣，让用户更愿意长时间观看你的直播。

当主播在直播间中讲述幽默段子时，直播间的用户通常会比较活跃。很多用户都会在评论区留言，更多的用户会因为主播的段子比较有趣而留下来继续观看直播。因此，主播能围绕产品特点多策划一些段子，那么直播内容就会更吸引用户。而在这种情况下，直播间获得的流量和销量也将随之而增加。

12.3.5　融入场景的 3 个技巧

在直播营销中，想要不露痕迹地推销产品，不让用户感到太反感，比较简单有效的方法就是将产品融入场景。这种场景营销类似于植入式广告，其目的在于营销，方法可以多种多样。具体来说，将产品融入场景的技巧，如图 12-49 所示。

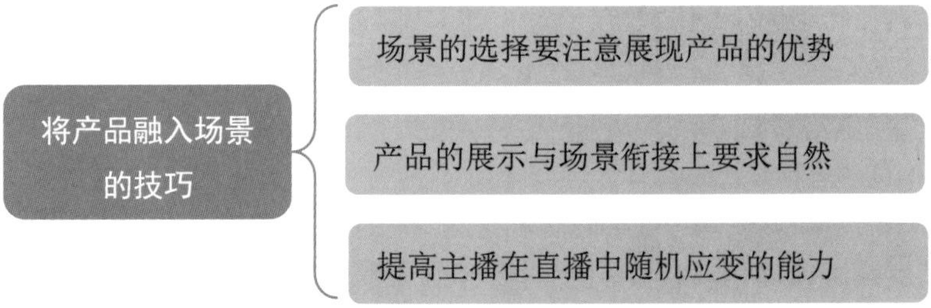

图 12-49　将产品融入场景的技巧

图 12-50 所示为某收纳箱销售直播间的相关画面。在该直播间中，主播在家中向观众展示了收纳箱的使用场景。

因为在日常生活中，很多人家里面的东西一过多就会显得比较杂乱，如书、纸巾等，将其收纳起来能让家里看上去更为整洁。因此，用户在看到直播中展示的收纳箱使用场景之后，就会觉得自己家里面也需要这样的收纳箱。这样一来，观看直播的用户自然会更愿意购买该款收纳箱，其销量自然也就上去了。

图 12-50　某收纳箱销售直播间的相关画面

12.3.6　根据产品选择推销方式

产品不同，推销方式也有所不同，在对专业性较强的产品进行直播带货时，具有专业知识的内行更容易说服用户。例如，观看汽车销售类抖音直播的用户多为男性用户，并且这些用户喜欢观看驾驶实况，他们大多是为了了解汽车资讯和买车才看直播的，关心的内容也是汽车的性能、配置及价格，所以挑选有专业知识的主播进行导购，会更受用户的青睐。

因此，我们要根据产品去选择合适的推销方式，专业性较强的产品，就需要输出一些专业的知识。

12.4　步骤介绍：提高直播成交率

为了更好地直播带货，我们还需要详细了解直播带货的步骤。本节就来为大家介绍直播带货的 5 个步骤，帮助新人主播更好地提高直播的成交率。

12.4.1　获取信任的 5 种方法

各直播平台的直播很多，为什么用户会选择在你的直播间购买产品呢？那是因为用户信任你。

所以，在直播带货的过程中，我们需要重点建立与用户之间的信任。具体来说，主播可以从以下几点获得更多用户的信任。

1．经营服务好老客户

服务好老客户，给予其优惠福利，调动这部分用户的购买积极性，借助老客户来挖掘更多潜在的客户。

2．全面仔细介绍产品

如果在直播中你介绍得不够全面、详细，用户可能会因为对产品了解不够而放弃下单。所以，在直播带货的过程中，主播要从用户的角度对产品进行全面、详细的介绍，必要时可以利用认知对比原理，将自身产品与其他店家的产品进行比较，但是不要提及具体的店铺名。

例如，在包包销售直播中，可以将正品与市场上的假货进行比较，向用户展示自身产品的优势，让用户在对比中提高对产品的认知。

3．提供安全的交易方式

在直播交易中，商家提供的交易方式也会影响用户的信任度，一个安全可靠的交易平台会让用户在购买时更放心。所以，运营者和主播需要向用户确保你们的交易是安全可靠的，不会出现欺诈、信息泄露等情况。

4．给予适当的回应

在直播时，主播应该认真倾听用户的提问，并进行有效的交流和解答。如果在沟通的过程中，用户的提问被主播忽视了，那么用户就可能会产生不被尊重的感觉。所以，主播在进行直播带货时，需要给予用户适当的回应。

对此，主播可以专门聘用小助手，负责直播答疑。小助手可以多聘用几名来进行分工合作，这样更有利于直播间的有序进行。

5．提供完善的售后服务

完善的售后服务可以为商家建立更好的口碑，同时也是影响用户信任度的因素。因为有部分用户在购买完产品后，可能会遇到一些问题。

这个时候，作为商家代表的运营者和主播就应该及时去处理，给予用户良好的售后服务态度和具体的处理行动，避免影响用户的购物体验和信任度。

12.4.2　塑造价值的4种方法

决定用户购买产品的因素，除了信任还有产品的价值。在马克思的理论中，产品具有使用价值和价值属性，如图12-51所示。

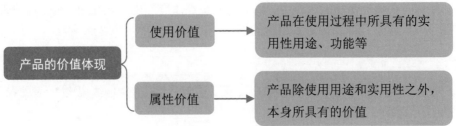

图12-51 产品的价值体现

产品的价值塑造可分为两个阶段，一为基础价值塑造，即产品的选材、外形、功能、配件、构造和工艺等；二为附加价值塑造，即展示产品的独特性、稀缺性、优势性和利益性。在直播中我们主要进行的是产品附加价值的塑造，具体内容如下。

1.独特性

产品的独特性可以从产品的设计、造型出发塑造，产品的设计可以是产品的取材。例如，某化妆品中包含 Pitera™（一种半乳糖酵母样菌发酵产物滤液），并且声明这样的透明液体可以明显地改善肌肤表皮层代谢过程，让女性肌肤一直晶莹剔透，这就是产品独特性的塑造。

产品独特性的塑造可以让产品区别于其他同类产品，凸显出该产品的与众不同。当然在直播带货中，产品独特性的塑造必须要紧抓用户的购买需求。例如，某化妆品的功效是改善女性肌肤，那么主播在直播时就可以紧紧围绕女性想要改善肌肤的需求来进行独特性的塑造。

2.稀缺性

产品的稀缺性主要体现在市场上供应量小，或者供不应求。对于这样的产品，运营者和主播可以重点做好数据的收集，让用户明白能买到该产品的机会不多。这样一来，用户为了获得产品，就会更愿意在直播间下单。

3.优势

产品的优势性可以是产品的先进技术优势，这主要体现在研发创新的基础上。例如，手机或其他电子产品的直播，可以借助产品的技术创新进行价值塑造，这甚至可以是刷新用户认知的产品特点，给用户制造惊喜，并超出用户的期望值。

除此之外，运营者和主播还可以从产品的造型优势上出发塑造。例如，包包的直播，小型包包强调轻巧便捷；中等型号的包包适合放置手机、钱包及口红，并具有外形独特、百搭和适合拍照等特点；较大型的包包可以强调容量大，能放置化妆品、雨伞，并且适合短期旅行。这些都是从不同产品的特点出发表达了不同的优势。

4．利益性

产品的利益性是指产品与用户之间的利益关系，产品的利益价值塑造需站在用户的角度对产品的利益化进行分析。例如，在进行家电直播时，主播可以强调产品给用户生活带来的便捷之处。无论是哪方面的价值塑造都是基于产品本身的价值使得用户获得更好、更舒适的生活体验来进行的，这就是产品价值塑造的基础。

以上塑造价值的方法都是基于产品本身的特点。除此之外，主播还可以通过赋予产品的额外价值来实现产品价值的塑造，赋予产品额外价值的方法有两个，如图 12-52 所示。

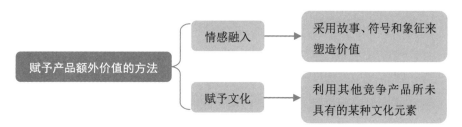

图 12-52　赋予产品额外价值的方法

12.4.3　挖掘需求的两个技巧

在直播带货中，用户的需求是决定是否购买产品的重要因素。需求分为如下两大类。

一类是直接需求，也就是所谓的用户痛点。比如，用户在购买时表达的想法，需要什么样的产品类型等，这就是直接需求。

另一类则是间接需求，这类需求又分为两种。一种是潜在需求，主播在带货过程中可以引导用户的潜在需求，激发用户的购买欲望，潜在需求可能是用户没有明确表明的，或者是语言上不能表达清楚的；另一种是外力引起的需求，即由于环境等其他外力因素促使用户产生的需求。

在进行带货的过程中，运营者和主播不能只关注用户的直接需求，而应该挖掘用户的间接需求。如何挖掘、了解用户的间接需求呢？主要可以从以下角度出发。

1．分析用户的言语

当用户通过评论在直播间提问时，主播需要客观分析用户的言语，去思考用户真正所需要的产品，并通过直播进行引导。

2．选择合适的产品

每件产品都有针对的用户群体，你推荐的产品与用户相匹配，就能引起用户的共鸣，满足用户的需求。

例如，高端品牌的直播，符合高消费人群的喜好，这类用户在购物时可能更注重产品的设计感和时尚感，在消费价格上则不太重视。

12.4.4 询问用户对产品的需求

了解了用户的需求之后，便可以根据用户的需求推荐产品了。当直播弹幕中表达需求的用户比较少时，主播甚至可以进一步询问用户对产品的具体要求，比如用户是否对材质、颜色和价格等有要求。

确定了用户的具体需求之后，主播还可以通过直播向用户展示产品的使用效果，并对产品的细节设计进行说明，让用户更好地看到产品的优势，从而提高用户的购买欲望。

12.4.5 营造紧迫感的两种方法

根据需求推荐产品之后，主播可以通过限时限量来营造紧迫感，让用户产生抢购心理，促使用户下单。营造紧迫感主要有两种方法，具体内容如下。

1. 限时

主播可以制造时间上的紧迫感，例如进行产品的限时抢购、限时促销等。通常来说，这类产品的价格相对比较实惠，所以往往也能获得较高的销量。除此之外，主播还可以通过直播标题制造时间上的紧迫感。

2. 限量

主播可以通过限量为用户提供优惠，限量的产品通常也是限时抢购的产品，但是也有可能是限量款，还有可能是清仓断码款。因为这类产品的库存比较有限，所以对产品有需求的用户，会快速下定购买产品的决心。

本章小结

本章主要向读者介绍了直播矩阵的基本知识，包括 7 大直播平台、直播的思维、直播的技巧和直播带货的步骤等内容，通过对这些直播的相关内容进行讲解，帮助全媒体运营者了解直播平台的相关运营技巧，知晓直播矩阵的相关知识，有利于全媒体运营时对直播平台的选择，提高盈利率。

课后习题

1. 怎么去改善用户的体验感？
2. 在直播带货的过程中，怎么去获得更多用户的信任？

课后习题答案

第1章　课后习题

1. 全媒体运营有哪些特点?

答:(1)覆盖范围:全媒体的覆盖范围非常广,不仅是涵盖了新媒体、旧媒体,更是全网络融合,实现信息全覆盖。(2)技术手段:全媒体通过各种技术手段和工具来进行信息的发布与传播,如云计算、大数据、人工智能等。(3)受众传播面:由于全媒体信息的即时性和平台的多样性,用户接受信息的渠道变得更多。

2. 搭建全媒体矩阵的优势有哪些?

答:(1)加大宣传。(2)降低成本。(3)培养口碑。(4)招募员工。

第2章　课后习题

1. 定位目标用户的步骤有哪些?

答:(1)收集信息:可通过多种方式收集用户信息,如问卷、访谈形式,然后将这些信息制成表格,根据表格数据分析用户的基本属性。

(2)进行分类:根据用户的信息分析出用户的基本属性后,可以将用户分成几大类,然后给这些分了类的用户贴上标签,例如哪些是活跃用户、哪些是购买能力很强的用户等。

(3)实现定位:在进行信息收集和用户分类之后,就可以进行用户定位的最后一步——对目标群体进行全方位的用户画像描述,包括性别、婚姻、手机依赖性、收入、爱好、性格等内容。

2. 在平台上发布内容,内容的收集方法有哪些?

答:(1)重视用户感受。(2)了解用户需求。(3)介绍知识性信息。(4)设计优惠活动。(5)分享热门内容。

第3章　课后习题

1. 设置账号名称的要点有哪些?

答:(1)突出兴趣和重点内容。(2)简单好记的独特化名称。(3)巧妙嵌入广告,拒绝恶俗。

2. 怎样培养自己独特的 IP 气质?

答:(1)让自己的风格变得更加独特,且不平凡、不肤浅。(2)对自己的人格真诚,同时真诚之心对待他人。(3)搞清楚粉丝的喜好是什么,然后成为那种人。

第 4 章　课后习题

1. 根据矩阵的体量和结构，全媒体矩阵可分为哪几类？

答：（1）以 App 为核心的新媒体集群，一般为大型传媒和企业，例如目前的头部新媒体企业"字节跳动"，该企业旗下就有近 20 个 App 产品，包括抖音、今日头条、剪映、西瓜视频、轻颜相机等。

（2）没有 App 的自媒体矩阵，适合一些中小型媒体和企业，大部分中小型企业都是有实体店的，它们借助各种新媒体平台搭建全媒体矩阵，只是一种吸收更多用户群体的手段。

（3）MCN（Multi-Channel Network），是一种多频道网络的产品形态，将 PGC（Professionally Generated Content，指专业生产内容）内容联合起来，在资本的有力支持下，保障内容的持续输出，最终实现商业的稳定变现。

2. 矩阵通平台的主要功能有哪些？

答：（1）集中管理账号。（2）提升运营效率。（3）洞察热门内容。（4）查看竞品动态。（5）监管账号安全。

第 5 章　课后习题

1. 私域流量的特点有哪些？

答：（1）私域流量可以被企业多次重复使用。（2）私域流量是完全免费的，用户无须为此支付成本。（3）企业可以通过私域流量随时触达精准人群，直接沟通与管理自己的用户。

2. 提升营销效果的方法有哪些？

答：（1）内容垂直：内容领域越细分，获得的流量就越精准。（2）内容优质：为用户提供有价值的内容，解决用户问题。（3）打造标签：塑造 IP 记忆点，强化用户的记忆和印象。

第 6 章　课后习题

1. 网易号的收益模式有哪些？

答：（1）平台分成模式。（2）平台扶持计划。（3）线上创作活动。（4）内容付费功能。

2. 运营头条号，运营者们有哪些注意事项？

答：（1）检查文章质量。（2）了解审核规则。（3）首发独家内容。

第 7 章　课后习题

1. 怎样做才能在微信朋友圈中提高存在感？

答：（1）多发朋友圈：多发朋友圈，多让用户看到，进而让用户眼熟。但是，也要注意频率，不宜过多，过多容易引起用户反感。（2）多点赞用户：多点赞用户发布的朋友圈，让用户知道你在关注他。（3）及时回复评论：及时回复用户评论，让用户的疑问得到解答。

2. 微博个人标签设置有哪些规则呢？

答：（1）定期调整标签词汇：运营者应多准备几组标签词汇，根据用户的搜索习惯来定期调整标签，并将用户搜索时使用最多的词汇作为标签词汇。（2）注意搜索的概率：用户进行微博搜索大都是有目的，用户搜索了但不关注很正常。可以说，用户搜索的概率并不能代表用户对你的认可度。（3）定期更换标签词：标签词一般一个月换一次，遇到节假日时还可以将节假日加入标签。

第8章　课后习题

1. 微信公众平台的内容定位技巧有哪些？

答：（1）精耕细作：运营者必须生产优质内容，无价值的内容、纯粹的广告推送只会引起用户的普遍反感。（2）重视需求：公众号内容定位首先要考虑用户需求，具体包括休闲娱乐需求、生活服务类的应用需求、解决用户问题的实用需求等。

2. 百科词条信息的特性有哪些？

答：（1）开放性：每个人都可以创建和编辑词条，企业可以编辑自己的信息。（2）共享性：编辑词条信息时可在其中放入企业相关的网站链接。（3）权威性：百科信息都是经过百科工作人员审核过，所以权威性更高。

第9章　课后习题

1. 在百度知道平台中，怎么提高回答的采纳率？

答：（1）被评为"宝藏回答"。（2）被评为"精彩回答"。（3）被评为"网友推荐答案"。

2. 在百度知道平台中，提高回答问题的技巧有哪些？

答：（1）语言好读易读。（2）结合经历答题。（3）彻底解决问题。

第10章　课后习题

1. 在喜马拉雅FM平台上，进行主播认证的步骤是什么？

答：（1）在"创作中心"页面，单击"一键认证"按钮后，进入认证页面，以个人实名认证为例，在"实名认证"选项卡中单击"去认证"按钮。（2）执行操作后，跳转至新的页面，用手机版喜马拉雅App扫描二维码。（3）用手机版App扫描二维码后，进入"实名认证"界面，填写好相关信息，即可完成实名认证。

2. 蜻蜓FM有哪些功能特点？

答：（1）跨地域：在有网络的环境下，用户可进行全球广播自由选。（2）免流量：用户可通过硬件FM、以免流量的方式收听本地的电台。（3）支持点播：新闻、音乐、娱乐、有声读物等类型的节目自由点播。（4）内容回听：可以不再受直播的限制，错过的节目内容还可以回听。（5）节目互动：通过蜻蜓 FM 平台，可以与喜欢的主播进行实时互动。

第 11 章　课后习题

1. 在小红书平台中，选题的技巧有哪些？

答：（1）结合热点话题。（2）选择节日活动。（3）关注官方账号。（4）关注相同领域的作者。

2. 在视频号平台中，维护和管理粉丝的方法有哪些？

答：（1）做好内容规划。（2）开发营销活动。（3）借助工具帮忙。

第 12 章　课后习题

1. 怎么去改善用户的体验感？

答：（1）提高用户的交互体验：及时交流和解决用户问题。（2）提高用户感官体验：统一打造店铺和直播风格。（3）提高用户情感体验：为用户进行个性化的推荐。

2. 在直播带货的过程中，怎么获得更多用户的信任？

答：（1）经营服务好老客户。（2）全面仔细介绍产品。（3）提供安全的交易方式。（4）给予适当的回应。（5）提供完善的售后服务。